D1923839

Collection Rolf Heyne

KLAUS BEDNARZ

Die Zweitweine der großen CHÂTEAUX

Wilhelm Heyne Verlag
München

Klaus Bednarz ist einer der kompetentesten Fachautoren für Wein. Seine Artikel erscheinen in den bekanntesten Magazinen und Zeitschriften. Dieser Guide basiert auf einer Serie über Bordeaux-Weine im FAZ-*Magazin*.

Bildnachweis:

FAZ-Magazin/Calle Hesslefors (S.10, 19, 22, 25, 28, 31, 37, 40, 43, 46, 52, 55, 61, 64, 67, 70, 73, 82, 85, 91, 94, 97, 108, 111, 116, 129, 132, 141); Jean-Paul Paireault (S.13, 16, 49, 58, 76, 79); FAZ-Magazin/Jürgen Röhrscheid (S. 34, 88, 100, 103, 126).
Fotos der Flaschen: Frank Mashofer.

Copyright © 2000 by Wilhelm Heyne Verlag
GmbH & Co. KG, München
Umschlaggestaltung: Hauptmann und Kampa Werbeagentur, CH-Zug
Graphische Gestaltung und Satz: Marina Faggioli-Herold
Kartographie: Astrid Fischer-Leitl
Herstellung: Karlheinz Rau
Druck und Bindung: RMO Druck, München

Printed in Germany

ISBN 3-453-16875-5

Inhalt

Vorwort

Ein Besuch auf Château Cantemerle

Es ist schon viele Jahre her, als ich mit dem damaligen Inhaber von Château Cantemerle die Allee durch den kleinen Zauberwald fuhr, die zum Château führte. In einem Winkel des Schlosses hatte sich die Morgensonne niedergelassen. Dort saß eine junge Frau auf einer Bank und las im Morgenlicht den *Figaro*. Ein Bild für eine lebenslange Erinnerung.

Der damals schon mehr als 80 Jahre alte Pierre J. Dubois hatte mich zur Weinprobe eingeladen, nachdem ich mich kritisch über eine Partie seines 1953er Weines geäußert hatte. Darauf lud er mich zu einer Verkostung meines 1953ers gegen einen aus seiner Schatzkammer ein. Zu meiner Überraschung standen auch noch Flaschen aus den Jahren 1961, 1959 und 1947 zur Probe bereit.

Alles, was zum Beispiel die Weine aus Margaux, Saint-Julien, Pauillac und Saint-Estèphe in manchmal verschwenderischer Fülle zu bieten haben, ist bei Cantemerle zart und fein angedeutet. Ich mußte reumütig erkennen, daß ich völlig falsche Erwartungen an die Weine von Cantemerle hatte. Man muß jeden einzelnen Wein als ein Individuum sehen. Jeder hat durch Geschichte und Bodenbeschaffenheit, Auswahl der Rebsorten, deren Alter etc. seinen eigenen Charakter. Durch diese großzügige Art lernte ich Cantemerle richtig kennen und schätzen. Die Probe hat mir sehr viel über die Eigenständigkeit nicht nur von Château Cantemerle gezeigt. Gleiches gilt für alle Weinschlösser, die zu den Grands Crus Classés zählen.

Wenn man von Bordeaux kommt und das Médoc besuchen will, ist Cantemerle eines der ersten prachtvollen Grands Crus Classés an der Straße, die zu den schönsten und größten Weinen der Welt führt. Und es ist nur folgerichtig, daß die Weine von Cantemerle nicht schon alles ausplaudern, was es noch auf dieser Reise zu sehen und zu entdecken gibt.

Da es sich um die besten Weine dieser Erde handelt und das vom Verbraucher auch honoriert wird, kommt den Zweitweinen immer größere Bedeutung zu. Sie werden bestens vinifiziert, mit der gleichen Sorgfalt behandelt und sind doch für einen Bruchteil des Erstwein-Preises zu haben.

Klaus Bednarz

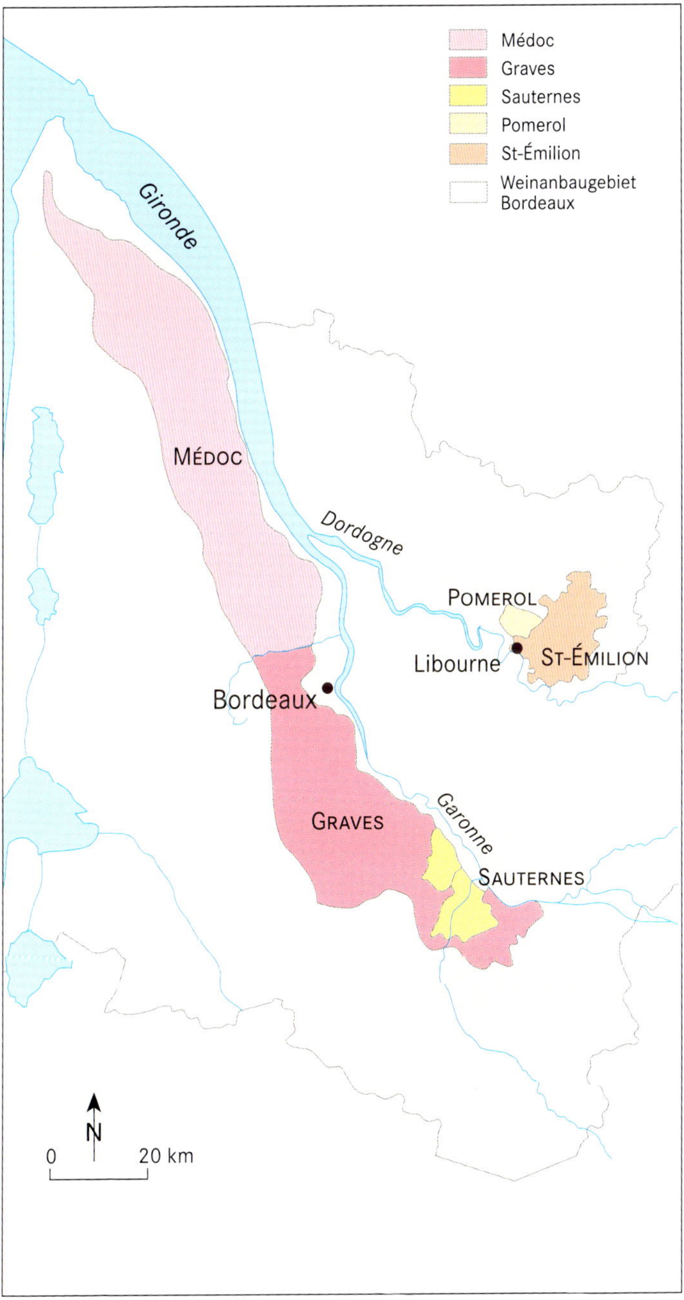
Médoc
Graves
Sauternes
Pomerol
St-Émilion
Weinanbaugebiet Bordeaux
Gironde
MÉDOC
Dordogne
POMEROL
Libourne
ST-ÉMILION
Bordeaux
GRAVES
Garonne
SAUTERNES
N
0
20 km

Les Pagodes de Cos

Ein Cru Bourgeois in den Kleidern eines Grand Cru Classé

Große Weine werden von besonderen Persönlichkeiten gemacht. Auf Cos d'Estournel gibt es gleich drei, die Brüder Jean-Marie, Yves und Bruno Prats, den Vorsitzenden des Aufsichtsrats und Diplomingenieur für Landwirtschaft, der auch 21 Jahre lang Präsident der Grand-Cru-Classé-Vereinigung war.

Ihr berühmter Deuxième Cru Classé aus Saint-Estèphe wird in einem Märchenschloß produziert, das ausschließlich als Weingut konzipiert wurde. Alle anderen Châteaux im Bordelais sind zugleich als Wohnhaus und Weingut gedacht. Orientalische Pagoden und ein Weinkeller aus dem 19. Jahrhundert begeisterten schon

Orientalische Impressionen in Saint-Estèphe

Jules Verne und Stendhal. In diesem Keller wird noch ein anderer Wein gepflegt: Château Marbuzet, ein Cru Bourgeois aus Saint-Estèphe, das sich im Besitz der Brüder Prats befindet. Dem zum Teil neu bepflanzten Weingarten wurde bis 1993 zur Auffrischung nach strengen Ausleseverfahren ein Teil des Weins von Cos d'Estournel zugemischt, der nicht für würdig befunden wurde, den Erstwein zu repräsentieren.

1994 war Château Marbuzet stark genug, ein eigenes Profil zu zeigen, so daß der Second Vin von Cos d'Estournel ein eigenes Etikett erhielt: „Les Pagodes d'Estournel". Nun reift ein dritter eigenständiger Wein im berühmten Keller. Sein Mischsatz ist dem des Cru Classé verwandt – zu 60 % Cabernet Sauvignon und bis zu 40 % Merlot.

Bruno Prats hat die Rebsorten auf die Beschaffenheit des Bodens und die ihm innewohnenden Möglichkeiten abgestimmt. Die Cabernet Sauvignon ist auf den mageren Kiesböden der Hügelkuppen und der Südhänge vertreten. Die Merlot bedeckt die östlichen Hänge auf Kalksteinuntergrund. Hier wächst der feinste

Zweitwein von
Château Cos d'Estournel
2ème Cru
Besitzer: Jean Merlaut
Rebfläche: 64 ha
Rebsorten:
Cabernet Sauvignon 60 %
Merlot 40 %

Saint-Estèphe mit Duft und Geschmack nach schwarzen Johannisbeeren.

Bis zur Flaschenabfüllung reift Les Pagodes 12 bis 14 Monate in einmal von Cos d'Estournel benutzten Fässern aus Allier-Eichen. Diese kommen von mehreren verschiedenen Tonnelliers, die enormes Fachwissen und großes handwerkliches Können auszeichnen. Ihre Namen bleiben dem Weintrinker meist unbekannt, darum sollten sie hier einmal erwähnt werden: Vicard, Taransaud, Maury, Seguin Moreau, Demptos und Boutes sind für ihren Bereich bekannte Namen, deren Fässer man auch auf anderen Châteaux wiederfindet.

Der Wein von Les Pagodes wird seinen Weg machen. Der 1995er ist schon gut gelungen, aber der 1996er kommt den Idealvorstellungen von Bruno Prats sehr nahe. Das ist verständlich. Nach seinen Äußerungen ist auf Cos d'Estournel der beste Wein entstanden, den dieses Weingut bisher produziert hat. Und Les Pagodes hat eine gute Menge davon abbekommen.

La Dame de Montrose

Der Norden des Médoc in seiner Weiblichkeit

Südliche Weinbaugebiete wie das am linken Ufer der Gironde gelegene Médoc haben auch einen nördlichen Teil wie Saint-Estèphe. Darum verhalten sich die Weine von Château Montrose, dem Deuxième Cru Classé aus Saint-Estèphe, ähnlich wie die Menschen aus dem Norden, etwas zugeknöpft, verschlossen; schnelle Freundschaften werden auch hier nicht mit dem Wein geschlossen.

Es müssen besondere Menschen sein, die einen Wein produzieren, der erst nach 15 Jahren seine Trinkreife erlangt. Als Jean-Louis Charmolüe 1960 aus dem Algerienkrieg heimkehrte, mußte er das sofort unter Beweis stellen und die Verantwortung übernehmen. Er wird hoffentlich noch lange Zeit die Geschicke von Montrose leiten.

Um sich an die Größe von Château Montrose, die ganze

Die schmale Frontseite von Château Montrose

Klasse dieses Weins, heranzutasten, bedarf es auch einer Transmission über den Zweitwein zum Erstwein. La Dame de Montrose ist seit 1984 die Brücke zu Château Montrose. Mit dem Namen La Dame will Jean-Louis Charmolüe seine Mutter ehren, die von 1944, nach dem plötzlichen Tode ihres Mannes, allein bis 1959 nicht nur große Weine machte, sondern auch Kraft und Ausdauer bewies, um das Gut in der Familie zu halten.

Bis zu 40 % der Ernte von 65 Hektar Rebbestand werden als La Dame de Montrose jedes Jahr abgefüllt. Die Reben müssen ein Mindestalter zwischen 10 und 15 Jahren vorweisen, um für den Zweitwein berücksichtigt zu werden. Schon vor der Malolactique wird eine Vorauswahl getroffen. Und bevor die einzelnen Rebsorten Cabernet Sauvignon, Merlot und Cabernet Franc miteinander gemischt werden, fällt die Entscheidung, welcher Wein La Dame de Montrose wird.

Der Mischsatz ist anders als beim Erstwein. La Dame de Montrose bekommt mit 40% einen höheren Merlotanteil als der Cru Classé, bei dem er ungefähr

Zweitwein von
Château Montrose
2ème Cru
Besitzer: Jean-Louis Charmolüe
Rebfläche: 65 ha
Rebsorten:
Cabernet Sauvignon 50 %
Merlot 40 %
Cabernet Franc 10 %

25 % beträgt. Dafür besteht La Dame nur etwa zu 50 % aus Cabernet Sauvignon. So wird der kantige Saint-Estèphe etwas milde gestimmt. Das kräftig Beerenhafte holt der Wein nach ein paar Jahren Flaschenreife aus dem Keller. Daß „die Dame“ auch Muskeln hat, beweist sie mit einem lang anhaltenden Abgang im Mund.

Bevor es dazu kommt, wird der Wein bis zu 18 Monate in Barriques ausgebaut, die zu etwa 10 % jedes Jahr erneuert werden. Der Rest liegt im gebrauchten Holz vom Erstwein. Es ist sicher ein langer Weg, bis man die Weine von Saint-Estèphe liebenlernt. La Dame de Montrose ist geschaffen, um den Weg zu verkürzen.

Le Marquis de Calon

Fein komponiert auf schwerem Boden

Rote Bordeaux-Weine können zu jedem Klima, zu jeder Jahreszeit getrunken werden. Im Norden von Saint-Estèphe wächst auf dem Weingut Château Calon-Ségur jedoch der perfekte Herbstwein. Neben Schwarzbeeren-Aromen besitzt er auch den Duft und Geschmack der Herbstpilze und des Waldbodens. Der 60 Hektar große Weingarten, kompakt um das Château gruppiert und teilweise von einer Mauer umgeben, ist schon im 13. Jahrhundert urkundlich erwähnt. Die Reben Cabernet Sauvignon, Cabernet Franc und Merlot stehen teilweise auf Sand- und Kiesgeröllboden und werden vom kleinen Bach „Chenal de Calon" entwässert.

Der Grand Cru Classé Calon-Ségur und der 1985 erstmals produzierte Second Vin Marquis de Calon stellen geschmacklich den Weintyp Saint-Estèphe auf den Kopf. Auf schwerem Boden wachsend, entstehen trotzdem

Der imposante Besitz von Calon-Ségur

fein komponierte Weine. Es sind keineswegs herbe spätreifende Weine. Sie können schon jung – zur Zeit der 1994er und 1995er Marquis de Calon – mit großem Vergnügen getrunken werden.

Der Kellermeister Michel Ellisalde muß wie Henry Jayer in Burgund ein Meister im Verstekken von Tanninen sein. Tannine, die einen jungen Saint-Estèphe eckig und kantig erscheinen lassen, trifft man hier nicht an.

Madame Denise Capbern-Gasqueton regiert mit robustem Charme, überläßt aber ihrer Mannschaft die Entscheidung, welcher Wein Marquis de Calon bzw. Calon-Ségur wird. Das geschieht nach der malolaktischen Gärung im Stahl und vor der Vermählung der einzelnen Traubensorten unter sachverständiger Beurteilung der einzelnen Parzellen. Danach reift der Marquis de Calon 18 Monate in einmalig gebrauchten Fässern des Grand Vin.

1995 und 1996 hat man auf Calon ein spannendes Duo produziert. 1995, in einem hinreißenden Jahr, bestimmen die herrlich gereiften Merlot-Trauben den Erstwein. Marquis de Calon bekommt dafür einen dicken Bat-

Zweitwein von
Château Calon-Ségur
3ème Cru
Besitzer: Familie Capbern-Gasqueton
Rebfläche: 60 ha
Rebsorten:
Cabernet Sauvignon 65 %
Merlot 20 %
Cabernet Franc 15 %

zen Cabernet Sauvignon. Im Jahr 1996 war die Cabernet Sauvignon voll ausgereift und größtenteils für den Grand Vin bestimmt. Marquis de Calon besteht in diesem Jahr hauptsächlich aus der Merlot-Traube. Elegante, feine Cabernets des einen Jahres und betörende tieffarbige Merlots des anderen Jahres führen zu zwei im Charakter unterschiedlichen Weinen von Marquis de Calon. In einigen Jahren könnte es zu einem reizvollen Vergleich der beiden Marquis de Calon-Jahrgänge mit dem Grand Vin kommen.

Les Forts de Latour

Ein Pauillac von majestätischer Größe

Er war die Erstgeburt und kam auch schon mit hohem Anspruch auf die Welt. Ein Zweitwein, der – war es Arroganz oder Selbstbewußtsein? – es mit den besten Deuxièmes Crus des Médoc in einer Blindprobe aufnehmen wollte. Sein Anspruch, wenn ich nicht einen der ersten beiden Plätze unter den fünf Crus belege, möchte ich erst gar nicht das Licht der Welt erblicken, das heißt nicht mit dem Etikett Les Forts de Latour abgefüllt werden.

Wir wissen es. Er hat Jahr für Jahr seit 1966 sein Ziel erreicht. Heute hat man das Spiel nicht mehr nötig. Kraftvoll steht er da, ein Pauillac von majestätischer Größe. Während er Tabakdüfte verströmt, bestimmen Zedernholz und schwarze Johannisbee-

La Tour von Latour: im 19. Jahrhundert aus den Steinen einer Festung erbaut

ren seinen Geschmack. Kein gefälliger Wein, der nur so daherkommt. Nein, wie es sich für einen Pauillac gehört, will auch er ein paar Jahre reifen und dann erobert werden.

Streng genommen ist er auch kein richtiger Zweitwein. Er hat ein eigenes Terrain. Zwischen Château Pichon Longueville Comtesse de Lalande und Château Haut-Batailly gelegen, auf zwei Parzellen verteilt, wächst dieser Kraftprotz, dessen *cépage* zu 60 % aus Cabernet Sauvignon und zu 40 % aus Merlot besteht, auf bestem Kies- und Lehmboden. Der Unterboden mit der bis zu 40 Zentimeter dicken Lehmschicht ist sorgfältig drainiert, damit es der Rebe nicht zu leicht gemacht wird. Bis zu 50 % werden die Fässer, in denen der Jüngling lagert, erneuert. Wie beim zweiten Kind, das die Kleider vom älteren auftragen muß, so wird auch die andere Hälfte von Les Forts de Latour in die gebrauchten Fässer von Château Latour gesteckt. Außerdem muß Les Forts de Latour etwas Wein von den jungen Reben des Premier Cru Classé in sich aufnehmen, aber das steckt er locker weg.

Zweitwein von Château Latour
1er Cru
Besitzer: François Pinault
Rebfläche: 65 ha
Rebsorten:
Cabernet Sauvignon 60 %
Merlot 40 %

Allgemein bekannt ist, daß Château Latour ein Spätentwickler ist und dann erst Trinkreife erreicht, wenn die Weine seiner Nachbarn schon ausgetrunken sind. So ist der früher reifende Les Forts de Latour eine schöne Brücke zum mächtigen Hausherrn. Der Einstandspreis liegt bei cirka 35 Mark; doch schnellt er rasch auf 70 bis 100 Mark hoch. Es lohnt sich also, ihn früh zu kaufen, denn es gibt praktisch kein Jahrgangs-Risiko. Auf Latour ist ein schlechter Wein nicht denkbar.

Das einzige, was diesem Wein noch fehlt: ein eigenes Château.

Le Petit Mouton

Stark und dicht, ein generöser Wein

Auf Mouton hat es viele Anläufe für die Kreation eines Zweitweines gegeben: Der erste hieß Carruades de Mouton Rothschild, den es nur im Jahr 1927 gab. Nach drei verheerenden Weinjahren 1931, 1932 und 1933, in denen kein Mouton Rothschild produzierte wurde, machte man 1934 einen Verschnitt aus diesen drei Jahrgängen mit dem Namen Mouton Cadet. Lange Zeit war es der inoffizielle Zweitwein von Mouton Rothschild. 1961 gab es einen beachtlichen Mouton Cadet, der so manchem klassifizierten Gewächs ebenbürtig war. Später mutierte er zum Gebiets- und Regionalwein (Appellation Bordeaux Controlé) und wurde zum meist verkauften Wein aus dem Bordelais.

Seine Rolle übernahm 1984 ein anderer Wein aus dem Haus Rothschild namens Prelat mit der Appellation Pauillac Controlé. Das Wirtschaftsunternehmen Baron Philippe de Rothschild S.A.

Der Chai von Mouton (Fassade)

läuft auf vielen Schienen. Neben dem Premier Cru Classé Château Mouton und den beiden Cinquièmes Crus Classés Château d'Armailhac und Château Clerc Milon produziert man viele Gebiets- und Regionalweine unter verschiedenen Appellationen mit großem Erfolg. So war es nur logisch, daß Prelat nicht nur der Zweitwein von Mouton, sondern auch von Clerc Milon und dem Château d'Armailhac wurde.

Im Jahre 1993 nahm man auf Mouton Rothschild einen neuen Anlauf. Doch der Start des offiziellen Zweitweins hatte eine Fehlzündung. Das Etikett war ein Entwurf von Jean Carlu, der schon das Künstleretikett von 1924 entworfen hatte. Als Namen hatte man sich Second Vin de Mouton Rothschild auserkoren. Doch die Europäische Kommission verbot den Terminus, weil es zu Verwechslung mit den Deuxièmes Crus Classés kommen könnte. So mußte der Name in Le Petit Mouton umgeändert werden. Daher gibt es den Zweitwein mit dem heute verbotenen Etikett nur 1993. Seit 1994 heißt der Wein Le Petit Mouton. Der Wein besteht aus jungen

Zweitwein von
Château Mouton Rothschild
1er Cru
Besitzer: Philippine de Rothschild
Rebfläche: 79 ha
Rebsorten:
Cabernet Sauvignon 76 %
Merlot 13 %
Cabernet Franc 9 %
Petit Verdot 2 %

Reben und einer strengen Selektion des Erstweins, der nicht für würdig befunden wird, das Premier-Etikett zu tragen. Die Konkurrenz im Nacken zwang zum Handeln. Um den Wein von Mouton Rothschild noch stärker und dichter zu machen, wurden noch mehr Fässer deklassiert, die man nicht in homöopathischen Dosen im Regional- und Gebietswein anonym verschleudern wollte. So ist die Geburt von Petit Mouton eine logische Konsequenz. Dieser Wein erzielt auf Anhieb Grand-Cru-Classé-Preise von 60 bis 70 Mark.

Für Ungeduldige ist der Wein nicht gemacht. Le Petit Mouton ist ein ganzer Pauillac, und ein Pauillac macht keine Konzessionen an den Bordeaux-Liebhaber. Dafür sorgt schon ebenso wie beim großen Mouton der hohe Anteil an Cabernet Sauvignon von bis zu 75 %. Der Rest verteilt sich auf Merlot und Cabernet Franc. Schwarze Johannisbeeren und Trüffeln zeichnen seinen Geschmack aus. Bis aus diesem männlichen, eichenholzwürzigen Wein ein Gaumenfreund wird, müssen einige Jahre vergehen; obwohl man Fässer mit unterschiedlichen Holzqualitäten fünf verschiedener Tonnelliers benutzt, um den Wein zu bändigen und zu konservieren.

Petit Mouton heißt auch der private Bereich der Familie Rothschild. Früher war dieser Teil des Châteaus für Besucher offen. Heute ist das nicht mehr möglich, nachdem Mouton eine der größten touristischen Attraktionen geworden ist.

Carruades de Lafite

Elegant mit etwas Saint-Estèphe im Blut

Die Carruades sind leichte Anhöhen, auf denen schon immer feinste Weine wuchsen, was einem idealen Einfall der Sonnenstrahlen und einer guten Entwässerung der Unterböden zu verdanken war", heißt es in einem Brief vor der Rothschild-Ära um 1852. Carruades de Lafite war zu der Zeit ein begehrtes Fleckchen Erde in Pauillac. Auch nachdem es Lafite gekauft hatte, gab es beachtliche Anstrengungen von Mouton, es zu erwerben. Der Rechtsberater von Lafite schrieb 1853, er betrachte die Carruades als das beste Land im Médoc.

Carruades blieb im Besitz von Lafite und ist als Name für einen Zweitwein von Lafite Rothschild keine schlechte Wahl. Dem Weingut Lafite Rothschild wird die größte Aufmerksamkeit von allen Weingütern der Welt zuteil. Es produziert schlechthin den ele-

An der Straße nach Saint-Estèphe die Vorderansicht des Châteaus

gantesten Rotwein. Deshalb steht dieses Weingut unter einem ernormen Erfolgsdruck. Dafür werden auch große Jahrgänge jahrzehntelang von der Fachwelt bejubelt und sind zur Krönung für festliche Anlässe bestimmt.

Die Weine des Château werden nach strengen Prinzipien behandelt. Die jungen Reben – selbst auf bestem Terroir – werden während der ersten 10 Jahre nur als Pauillac verkauft. Danach, zwischen 10 und 18 Jahren, dürfen sie das Etikett von Carruades tragen. Erst die Reben mit einem Mindestalter von 18 Jahren werden für den 1er Cru Classé Lafite in Betracht gezogen.

Nach der Fermentation Malolactique im Edelstahl, bevor der Cabernet Sauvignon mit dem Merlot vermählt wird, entscheiden acht Personen mit Eric de Rothschild als verantwortlichem Familienmitglied im Blindtest, welcher Wein ein Lafite, Carruades de Lafite oder auch nur ein Pauillac wird. Dann wird die Cuvée, das heißt die Zusammensetzung der Trauben bestimmt. Bei Carruades sind es ungefähr 60 % Cabernet Sauvignon und bis zu 40 % Merlot. Der hohe Mer-

Zweitwein von
Château Lafite Rothschild
1er Cru
Besitzer:
Domaines Baron de Rothschild
Rebfläche: 94 ha
Rebsorten:
Cabernet Sauvignon 60 %
Merlot 40 %

lot-Anteil soll den jungen wilden Cabernet Sauvignon besänftigen und den Wein schon in jungen Jahren mit Vergnügen trinkbar machen.

Carruades bekommt dann Fässer von Lafite, in denen schon einmal ein Jahrgang von Lafite reifte. Das Weingut hat nicht nur Terrain in Pauillac, sondern auch etwas im angrenzenden Saint-Estèphe. So tendiert Carruades mit seinem etwas spröden Charme eher zu den Saint-Estèphe-Weinen. Für einen Zweitwein kann Carruades auch sehr alt werden. Auf dem Château sind noch Weine vom Carruades de Lafite aus dem Jahre 1859 vorhanden.

Réserve de la Comtesse

Charme von Saint-Julien in einem Pauillac

Château Pichon Longueville Comtesse de Lalande wird auf seinem Lebensweg von zwei ehrwürdigen Herren begleitet. Château Latour auf der einen und Château Pichon Longueville Baron auf der anderen Seite. Eingerahmt von einem Premier Cru und einem Deuxième Cru aus Pauillac, hat es selbst nur wenig Terrain vor der eigenen Haustür. Der größte Teil des über 75 Hektar umfassenden Besitzes liegt an der Grenze zu Saint-Julien und sogar elf Hektar darüber.

Wie könnte es anders sein: Das Gut wird seit 1979 von einer Frau, nämlich May-Eliane de Lencquesaing, geführt. Da war es doch Pflicht für die Dame, einen femininen Wein zu machen. Auch der Second Vin Réserve de la Comtesse geht in diese Richtung. Mit 50% Merlot und 50% Cabernet Sauvignon gelang der 1994er ausgezeichnet. 1995 ist der Merlot-Anteil mit 25% nicht so hoch, aber mit 25% Petit Verdot bekommt er eine feinwürzige Komponente.

Blick durch den Park auf das Château Pichon Longueville Lalande

Hier auf Comtesse de Lalande leistet man sich den Luxus, sechs Hektar sehr alte Reben dieser kapriziösen Traubensorte zu pflegen. Sie ist eine spätreifende, tiefdunkle Traube, die, wenn sie reif ist, schnell gelesen werden muß. Einen Tag zu spät, und sie ist verdorben. Die Merlot wächst auf dem lehmigen Teil des Terrains, die Cabernet Sauvignon, die bis zu 50% der *cépage* ausmacht, liebt den steinigen Boden.

Bis 1973 machte man sich wenige Gedanken um einen Second Vin. Was nicht erste Wahl war, wurde an den Handel per Faß verkauft. Unter der neuen Führung werden die Dinge gewissenhafter gehandhabt. Nach der Malolactique (biologischer Säureabbau) im Inox entscheiden mehrere Personen, unter ihnen ist kein Geringerer als der berühmte Professor Emile Peynaud, bekannt durch zahlreiche wissenschaftliche Publikationen, welcher Wein Réserve de la Comtesse bzw. Château Pichon Comtesse de Lalande wird. Nach der Marriage reift der Zweitwein in 25% neuem Holz. Die restlichen Fässer kommen vom Grand Cru Classé Comtesse de Lalande.

Zweitwein von
Château Pichon Lalande

2ème Cru
Besitzer: May-Eliane de Lencquesaing
Rebfläche: 75 ha
Rebsorten:
Cabernet Sauvignon 50 %
Merlot 25 %
Petit Verdot 25 %

Ein Pauillac mit ein wenig Saint-Julien im Blut ist auch für einen Zweitwein wie ein Korb voller Beerenfrüchte. Der 1994er Réserve de la Comtesse gefiel schon 1999. Mit dem 1995er konnte man das Jahr 2000 einläuten. À votre santé!

Château Haut-Bages Averous

Saftiger Schwarzbeerprotz

Im Bordelaiser Weingebiet Pauillac, in dem drei Premiers Crus und zwei Deuxièmes Crus, also fast der gesamte Hochadel des Weins, versammelt sind, hat es der Wein von Lynch Bages, nur als Cinquième Cru klassifiziert, schwer, sich in den Vordergrund zu spielen. Da trifft es sich gut, daß Château Lynch-Bages und sein erstmals 1976 herausgebrachter Second Vin Haut-Bages Averous von einer Lokomotive namens Jean-Michel Cazes gezogen werden. Unter der Leitung dieses Mannes von herzhaft zupackender Art, der keine Minderwertigkeitsgefühle gegenüber den höher klassifizierten Gewächsen hat, werden hier Jahr für Jahr, bis auf eine kleine Schwächeperiode in den Siebzigern, kraftvolle, für diesen Landstrich typische, nach Zedernholz und schwarzen Johannisbeeren, Tabak und Gewürzen schmeckende Weine gekeltert.

Château Lynch-Bages wird von der Familie Jean-Michel Cazes bewohnt

Der Second Vin von Lynch Bages beginnt stolz mit Château, da mit dem Namen Averous ein eigenständiger Wirtschaftsbetrieb verbunden ist. Madame Averous verkaufte 1973 von einem einstmals berühmten Weingarten die letzten zwei Hektar mit den dazugehörigen Gebäuden an Jean-Michel Cazes. Ende des 19. Jahrhunderts schickte die gottesfürchtige Dame zwei mit Wein gefüllte Barriques nach Lourdes, um ihn gegen das heilige Wasser auszutauschen. Anschließend ließ sie den Gottestropfen über ihre Weinreben verteilen, um die Phylloxera, die zur damaligen Zeit die Reben anfiel, zu vertreiben. Jean-Michel Cazes, keineswegs ungläubig, weiß hingegen, daß im Weinbau Wunder selten sind, aber harte Arbeit für den Erfolg steht.

90 Hektar Lynch Bages sind ein stolzer Besitz, der bewältigt werden muß. Davon werden inklusive der zwei Averous-Hektar ungefähr 30 % Haut-Bages Averous. Bepflanzt sind die Rebflächen mit 75 % Cabernet Sauvignon, 15 % Merlot, 10 % Cabernet Franc und etwas Petit Verdot. Auch beim Second Vin dominiert

Zweitwein von Lynch-Bages
5ème Cru
Besitzer: Jean-Michel Cazes
Rebfläche: 90 ha
Rebsorten:
Cabernet Sauvignon 75 %
Merlot 15 %
Cabernet Franc 10 %

der Cabernet Sauvignon, jedoch ist der Merlot-Anteil gegenüber dem Grand Cru Classé etwas größer.

Nach der ersten und zweiten Gärung in Inox-Behältern reift Haut Bages Averous im eigenen Chai in ein- bis zweimal gebrauchten Fässern des Grand Vin. Für Jean-Michel Cazes umfaßt der Begriff „Terroir" viele Faktoren, die da sind „microclima, exposition au soleil, richesse de terroir et le drainage". Seine Philosophie besteht darin, daß diese Fakten der Parzellen jedes Jahr neu gemischt werden. Doch heraus kommt immer ein saftiger, tiefdunkler Pauillac.

Selbst Haut Bages Averous als sein zweiter Wein kann es oft mit so manchen Erstgewächsen aufnehmen. Der 1981er bei einem Diner auf dem Château war 18jährig ein brillant tiefdunkler Tropfen. Die 1995er und 1996er werden diesen Wein noch übertreffen, wenn sie ihre Reife einige Jahre nach der Jahrtausendwende erlangt haben.

Lacoste-Borie

Ein Juwel mit Cassis- und Tabakaromen

Raymond Dupin, bis 1978 Inhaber von Grand-Puy-Lacoste, war zeit seines Lebens als großer Gourmet bekannt. Sein Schloß wurde während des Krieges zur Soldatenunterkunft und der Chai zum Pferdestall umfunktioniert. Von den Personen, die dem Kriegshandwerk nachgingen, ist es doch arg ramponiert wieder verlassen worden. Raymond Dupin beließ es bei diesem Zustand und feierte lieber in dem Schloß und ließ seiner Lebenslust freien Lauf bei erlesenen Speisen und Weinen.

Als Jean-Eugène Borie das Gut 1978 kaufte, wurde das Château unverzüglich wieder hergerichtet. Unter Dupin gab es noch keinen Zweitwein. Alles, was er nicht für gut befand, wurde als einfacher Pauillac verkauft. Im Jahr 1982, das als Jahrhundert-

Das prachtvoll renovierte Château Grand-Puy-Lacoste ist jetzt der Wohnsitz der Familie François-Xaver Borie

jahrgang gilt, wurde zum ersten Mal ein Zweitwein produziert, genannt Lacoste-Borie. Es war ein furioser Start, auch für Lacoste-Borie, in diesem Bilderbuch-Jahr.

Der Weingarten liegt, ähnlich wie Lynch-Bages, etwas von der Gironde entfernt, aber leicht erhöht auf starken Kies-Sandböden mit Blick auf den Fluß. Mittlerweile wohnt Jean-Eugène Bories Sohn, François-Xavier Borie, auch für Ducru-Beaucaillou verantwortlich, mit seiner Frau Marie-Hélène auf dem Château Grand-Puy-Lacoste.

Die Weinbereitung ist ähnlich wie auf allen Borie-Besitzungen. In den Cuves aus Inox finden beide Gärungen statt. Wie bei den Pauillacs üblich, dominiert auch bei diesem Cinquième Cru Classé mit 70 % die Cabernet Sauvignon. 25 % Merlot und 5 % Cabernet Franc ergänzen die Cuvée. Der Anteil der Traubensorten für Lacoste-Borie ist mit kleinen Abweichungen der gleiche wie beim Grand Vin.

Da von diesem Terroir immer mächtige Weine kommen, werden auch für Lacoste-Borie jedes Jahr neue Barriques hinzuge-

Zweitwein von
Château Grand-Puy-Lacoste
5ème Cru
Besitzer: Familie Borie
Rebfläche: 50 ha
Rebsorten:
Cabernet Sauvignon 70 %
Merlot 25 %
Cabernet Franc 5 %

kauft. Zur Zeit sind es 30 % der Ernte, die in neuen Fässern reifen. Der Önologe Jacques Boissenot, der alle im Besitz der Familie Borie befindlichen Weingüter berät, setzt seinen Namen auch unter die besten Châteaux wie Lafite und Mouton Rothschild. Von den jüngsten Jahrgängen sind 1995 und 1996 außerordentlich erfolgreich. In der Farbe tiefes Schwarzrot, im Geschmack saftige Cassis- und Tabakaromen. In den neunziger Jahrgängen gibt es keine Molltöne, nur strahlendes C-Dur.

Les Tourelles de Longueville

Le Baron demonstriert Kraft und Stärke

Es kann nicht sein, daß die Comtesse de Lalande in den Köpfen der Gourmets tanzt, mit ihren seidigen Weinen zur großen Verführerin wird und auf der anderen Straßenseite das wieder prachtvoll restaurierte Pichon Longueville Baron mit seiner ebenso exponierten Lage nur eine bescheidene Rolle unter den Crus Classés spielt. Noch dazu Tür an Tür mit dem berühmten Premier Cru Château Latour müßte doch etwas mehr herauszuholen sein, dachte sich auch der Direktor des AXA-Versicherungs-Konzerns Claude Bébéar, als er auf den Rat von Jean-Michel Cazes hörte und Le Baron seinem Versicherungsimperium einverleibte.

Die Familie Boutelier als Vorbesitzer hatte die notwendigen Investitionen nur in geringem Umfang oder aus finanziellen Gründen ganz unterlassen. So wurde es für die neuen Besitzer

Das 1851 erbaute Château Pichon Longueville Baron wird von zwei reizvollen Türmchen eingerahmt

notwendig, die ganz große Erneuerung in Angriff zu nehmen. Das war nur möglich, weil die AXA nicht erst die Hausbank um Erlaubnis bitten mußte. Bei der Versicherung wie auch im Weinbau herrscht die philosophische Übereinstimmung, daß nur langfristiges Denken zählt.

So wurden fast 15 Hektar, die nach der Pylloxera Ende des 19. Jahrhunderts nicht wieder neu bepflanzt wurden, 1987 mit Cabernet Sauvignon und Merlot besetzt und wieder dem Weingarten zugeführt. Aufmerksam registriert die Fachwelt, daß Le Baron, wie man den Wein auch nennt, wieder ein Zugpferd des Pauillac-Gebietes wurde. Das war möglich, weil man nur noch die besten Partien für den Erstwein verwandte. Von nun an nahm Le Baron wieder am Rennen um die großen Weine des Bordelais teil.

Durch die Qualitätstrennung brachte man 1987 mit dem Zweitwein Les Tourelles de Longueville ein neues Wein-Kind auf die Welt. Benannt wurde es nach einer Parzelle, die sich auf dem Weingut befindet. Mit Jean Matignon, dem Responsable Technique, arbeitet man nach der glei-

Zweitwein von Château Pichon Longueville Baron
2ème Cru
Besitzer: AXA Millésimes
Rebfläche: 50 ha
Rebsorten:
Cabernet Sauvignon 70 %
Merlot 25 %
Cabernet Franc 5 %

chen Philosophie wie auf Lynch Bages. Vergoren wird der Wein in Stahlcuves, in denen auch anschließend die Milchsäuregärung stattfindet. Danach reift der Wein 12 bis 15 Monate in einmal von Pichon Longueville Baron gebrauchten Fässern. Der Verschnitt setzt sich wie auch beim Grand Vin aus 70 % Cabernet Sauvignon, 25 % Merlot und 5 % Cabernet Franc zusammen.

Experimente wie der Versuch der zweiten Gärung in den kleinen Holzfässern sind dem Team fremd. „Oberaufseher" Jean-Michel Cazes von Lynch Bages ist der Ansicht, was für den Erfolg seines Weingutes steht, kann auch für Pichon Longueville und für Tourelles de Longueville nicht falsch sein. Daß in diesem Gebiet die kräftigsten Weine des Médoc wachsen, demonstrierte Les Tourelles de Longueville schon nach kurzer Zeit. Die kraftvolle Eichenholzwürze gepaart mit dunkler Beerenfrucht, spürte man schon 1989 und 1990. Auch die 1993er, 1994er, 1995er und 1996er werden den Ruf eines großartigen Pauillac festigen.

Les Hauts de Pontet

Berühmte Nachbarschaft verpflichtet

Château Pontet-Canet wurde um 1700 von der reichen Bordelaiser Familie Pontet gegründet. 1721 umfaßte das Gut schon 18 Hektar Weinland. Es blieb bis 1864 in der Familie Pontet, um dann an die berühmte Familie Cruse verkauft zu werden, die es bis 1975 besaß.

Das einzige, was man diesem Wein vorwerfen kann, ist, daß er ebenso wie seine Herrschaft sich nie verbiegen ließ. Von dem Gut kamen immer kräftige, tanninbetonte Weine, die erst von der Zeit geschliffen wurden. Das waren oft 20 bis 30 Jahre. Dann deuteten sie an, daß sie den gleichen Postboten wie Mouton Rothschild haben, der nur die Straßenseite wechseln muß, um von einem Gut zum anderen zu kommen.

Zu Zeiten von Herman Cruse wurden viele Gäste auf dem Château bewirtet. Nicht selten wurden dann reife Weine des Hauses den benachbarten Premier-Cru-

Das Wirtschaftsgebäude mit dem kleinen Uhrturm

Gewächsen gegenübergestellt. Oft waren seine Weine diesen ebenbürtig. Legt ein Besitzerwechsel meistens den Grundstein für einen neuen Aufschwung, so war hier das Gegenteil der Fall. Es wurde stiller und stiller um dieses fünfte Gewächs aus Pauillac.

Bis der 1989er mit saftigen Beerenaromen und Zedernholzaromen wieder die Bühne der Besten betrat. Man hatte sich endlich durchgerungen, nur noch zwischen 30 und 50 % Erstwein zu etikettieren. Der Rest liegt jetzt auf den Schultern des Zweitweines. Mit dem Namen Les Hauts de Pontet erinnerte man an den Gründer des Châteaus. Man würde ihm nicht gerecht, wenn die Qualität von Les Hauts de Pontet nicht der eines guten Pauillac entspräche. Doch auf die Mannschaft um Regisseur Jean-Michel Comme können sich die Brüder Tesseron verlassen.

Zum Beispiel wurde der Wein früher in 300 Hektoliter großen Holzbottichen vergoren. Doch Jahr für Jahr wurden diese durch kleinere – jetzt 150 Hektoliter – ersetzt. Man ist überzeugt, daß mit dieser Maßnahme der Wein besser kontrolliert werden kann.

Zweitwein von Château Pontet-Canet
5ème Cru
Besitzer: Familie Tesseron
Rebfläche: 78 ha
Rebsorten:
Cabernet Sauvignon 63 %
Merlot 32 %
Cabernet Franc 5 %

Vor allen Dingen bei der Fermentation Malolactique.

Nach der Assemblage fällt die Entscheidung über Erst- und Zweitwein. In einmal gebrauchten Barriques wird dann das Leben von Les Hauts de Pontet weitergeführt bis zur Abfüllung nach etwa 15 Monaten Reifezeit. Die Jahrgänge 1994, 1995 und 1996 sind auf diesem Gut die „Glorreichen Drei". Les Hauts de Pontet profitiert auch davon und zeigt schöne Ansätze von Tabak und Beerenfrüchten. Was Lage und Herkunft betrifft, ist er einer der preiswertesten Pauillacs. Noch!

Clos du Marquis

Die brillante Handschrift seines Meisters Delon

Der beste Wein der drei großen Léovilles, nämlich Barton, Poyferré und Las-Cases, ist zweifellos letzterer: Michel Delons Château Léoville-Las-Cases. Der ehemalige Rechtsanwalt ist ein Mann mit beträchtlichem Weitblick und Durchsetzungsvermögen. Er hat Las-Cases mit großem Engagement nicht nur an die Spitze der Appellation Saint-Julien gebracht, sondern machte ihn auch zu einem Objekt der Begierde bei den Weinfreaks in aller Welt. Im Jahre 1982 erreichte Léoville-Las-Cases erstmalig Premier-Cru-Qualität und konnte in einem Atemzug mit Latour, Mouton und Lafite genannt werden.

Beim Clos du Marquis, Delons Zweitwein, den er seit 1971 mit mehr oder weniger großem Erfolg produziert, kam das Erfolgserlebnis 15 Jahre später mit einem überragenden tiefgründigen

Das Tor zu einem großen Saint-Julien

vielschichtigen Wein, der sofort für Furore sorgte. Beim Clos du Marquis war es ein langer Weg mit vielen Durststrecken; denn vor den Erfolg haben die Götter den Schweiß gesetzt.

Viel Forschung wurde betrieben, bis man herausgefunden hatte, welche Rebsorte zu welchem Boden paßt. Zu den 40 Hektar, die ausschließlich für den Léoville-Las-Cases verwendet werden, kommen noch drei verschiedene Blöcke von insgesamt 55 Hektar, die Anfang der 70er Jahre systematisch neu bepflanzt wurden. Die Rebsorten wurden verteilt auf 65 % Cabernet Sauvignon, 20 % Merlot und 15 % für die im Médoc ungeliebte, weil zu kapriziöse, Cabernet Franc-Traube.

In seiner rustikaleren Art ist der Clos du Marquis dem Stil des Deuxième Cru Classé und Nachbarn Ducru-Beaucaillou ähnlich. Vergoren wird er in 100 Jahre alten Holzbottichen, in denen auch die Milchsäuregärung (zweite Gärung) stattfindet. Anschließend reift der Wein in den kleinen Eichenfässern (Barriques), die zu 20 bis 25% jedes Jahr erneuert werden. Da er nicht voll-

Zweitwein von
Château Léoville Las Cases
2ème Cru
Besitzer: SC du Château Léoville Las Cases (Familie Delon)
Rebfläche: 95 ha
Rebsorten:
Cabernet Sauvignon 65 %
Merlot 20 %
Cabernet Franc 15 %

ständig in neuem Holz ausgebaut wird, erreicht er eine frühere Trinkreife: Nach 4 bis 5 Jahren kann man die ersten Clos du Marquis entkorken.

Im Erfolgsjahr 1986 bekam der Clos du Marquis auch noch einen großen Teil vom Erstwein ab, weil Michel Delon den Ehrgeiz hatte, den konzentriertesten Léoville-Las-Cases zu machen, der jemals produziert wurde.

Der Clos du Marquis hat einen mineralischen Ton, und er schmeckt nach Gewürzen und Süßholz. Seit einigen Jahren ist er der Lieblingswein der Sommeliers in den Restaurants Frankreichs, weil Preis und Leistung bei diesem wunderbaren Saint-Julien gut aufeinander abgestimmt sind. Das Trinkvergnügen kostet zwischen 25 und 35 Mark. Viele Kunden haben den Clos du Marquis über die Restaurants kennen- und schätzengelernt. Manch ein Weinfreund trinkt ihn, ohne zu wissen, aus welchem Haus er kommt. Er hat sich zu einer Eigenmarke entwickelt. Sein Name ist keine Marketing-Idee, sondern es existiert tatsächlich eine ummauerte Parzelle von 5 Hektar, die immer schon den Namen Clos du Marquis trug.

Um noch mehr Spielraum für die Qualität des Clos du Marquis zu bekommen, hat Michel Delon ab 1994 erstmalig einen dritten Wein produziert. Name und Vermarktung sind zur Zeit Delons Geheimnis.

La Réserve de Léoville-Barton

Feine Aromen im gezügelten Temperament

Der über 230 Hektar große Léoville-Weingarten war im 18. Jahrhundert ungeteilt im Besitz von Alexandre le Casq, dem damaligen Parlamentspräsidenten von Bordeaux. Nach der Französischen Revolution wurde der Besitz dreigeteilt, und daher gibt es heute drei Léoville-Weingüter mit unterschiedlichen zweiten Namen. 1826 kaufte die Familie Barton einen Teil des Léoville-Besitzes und nannte ihn Léoville-Barton. Weder ein Château noch ein eigenes Wirtschaftsgebäude gehörte zu diesem Teil.

Der Deuxième Cru Classé Léoville-Barton aus Saint-Julien und sein 1976 erstmalig produzierter zweiter Wein La Réserve de Léoville-Barton werden daher nicht im eigenen Haus hergestellt, sondern auf dem Troisième Cru Classé-Château Langoa-Barton, das sich auch im Besitz von

Léoville Barton wohnt zur Untermiete auf Château Langoa-Barton

Anthony Barton befindet. Die großzügigen Keller erlauben die gleichzeitige Vinifikation der verschiedenen Weine.

Der hier produzierte Léoville sowie la Réserve sind von edler Struktur mit vornehmer Zurückhaltung, ganz wie der irische Inhaber Anthony Barton. Für seine Weine die Werbetrommel zu schlagen ist nicht sein Ding. Die Weine entwickeln sich, wenn sie die Flegeljahre hinter sich haben, zu charmanten, feinkomponierten, nach Schwarzbeeren schmekkenden Saint-Juliens.

„Der Réserve de Léoville", sagt Anthony Barton, „kostet in der Produktion genauso viel wie der Erstwein." Der gleiche vielschichtige Kies- und Tonboden, die gleiche Arbeit und gleiche Sorgfalt, aber zum halben Preis. Die Selektion für Erst- und Zweitwein beginnt schon einen Monat nach der Ernte durch erste Proben, welche sich alle 14 Tage mehrmals wiederholen. Sie endet im März nach der malolaktischen Gärung in den Holz-Cuves. Léoville und La Réserve de Léoville sind jetzt festgelegt. Die umfangreichen Neuanpflanzungen, die man in den 70er Jahren vornahm,

Zweitwein von
Château Léoville-Barton
2ème Cru
Besitzer: Anthony Barton
Rebfläche: 48 ha
Rebsorten:
Cabernet Sauvignon 70 %
Merlot 20 %
Cabernet Franc 10 %

sind heute über 20 Jahre alt. Damals nur für den Zweitwein verwendet, bestimmt heute die gesamte Ernte die Qualität des Erst- und Zweitweins.

Nach 20 Monaten Reifung in gebrauchten Holzfässern vom Léoville-Barton werden ungefähr 20 %, das sind cirka 60 000 Flaschen, als Réserve abgefüllt. Die Zusammensetzung der Trauben ist ähnlich wie beim großen Bruder: 70 % Cabernet Sauvignon, 20 % Merlot und 10 % Cabernet Franc geben dem Saint-Julien samtige Kraft und Würze. Konzessionen an Jungwein-Trinker werden nicht gemacht. Der hohe Anteil an Cabernet Sauvignon zeigt, daß dieser Wein auch seine Zeit der Reife braucht. Aber nach 5 Jahren Geduld bekommt man beim La Réserve den Glanz eines feinen Saint-Julien zu spüren.

Sarget de Gruaud-Larose

Der Tageswein eines Königs

Wenn es jedes Jahr im Jahrgangskarussell um die besten Weine des Bordelais heißt „Spieglein, Spieglein an der Wand, wer ist der schönste im ganzen Land?“ und die Margaux-Weine sich von ihrer Schokoladenseite zeigen, die mächtigen, verführerischen Pauillacs die ersten Beerendüfte des neuen Jahrgangs verströmen, liegen die Saint-Juliens still abseits des Journalisten-Feuers. Einer ihrer prachtvollsten Vertreter, das auf dem Kiesrücken von Saint-Julien gelegene Château Gruaud-Larose, würde vielleicht antworten: „Ihr, Lafite oder Margaux, seid die schönsten im ganzen Land, aber stellt die Frage noch einmal nach zehn Jahren Flaschenreife.“ Dann nämlich, wenn bei den Jahrgangskönigen noch Ecken und Kanten zu spüren sind, ver-

Kühle klare Linien bestimmen die Architektur von Gruaud-Larose

schmelzen bereits erdige und Beerenfrucht-Töne beim Gruaud-Larose zu einer kompakten Einheit. Jetzt kann auch er an jeder Festtafel glänzen.

Das Weingut Gruaud-Larose hatte im letzten Jahrhundert eine kuriose Periode zu überstehen. Am 22. April 1845 beschlossen Baron Sarget de Lafontaine und die Erben von Balguerie, Madame de Bethmann und Madame de Boisgérard, die Teilung des Weingartens. Danach gab es über 50 Jahre zwei Saint-Juliens mit dem Namen Gruaud-Larose, Deuxième Cru Classé. Geteilt wurde nur der Weingarten; das Etikett, das auf beiden Flaschen zu sehen war, zeigte das gleiche Château in unterschiedlicher Abbildung.

Im 20. Jahrhundert führte das Handelshaus Cordier beide Güter wieder zusammen. Damit der Name des Barons Sarget aber erhalten bleibt, steht Sarget de Gruaud-Larose heute für den zweiten Wein des Grand Cru Classés, der immerhin 40% jedes Jahrgangs ausmacht. Die zehn- bis zwölfjährigen Reben des 82 Hektar großen Besitzes ergeben den Second Vin Sarget de Gruaud-Larose.

Zweitwein von
Château Gruaud-Larose
2ème Cru
Besitzer: Jacques Merlaut
Rebfläche: 82 ha
Rebsorten:
Cabernet Sauvignon 60 %
Merlot 30 %
Petit Verdot 8 %
Cabernet Franc 2 %

Hinzu kommt der Wein der älteren Reben, der nach mehreren Degustationen nicht für den Erstwein bestimmt ist.

Für die alkoholische Gärung hat sich das Team um Georges Pauli, Önologe und Direktor, für Holz- und Beton-Cuves entschieden; die Fermentation Malolactique findet teilweise in Holz-Cuves sowie in Barriques statt. Man betrachtet Holz-Cuves als beste Variante für die Fermentation Alcoolique, weil der junge Wein schon durch das Holz atmen kann. Holz- und Beton-Cuves sind beide temperaturgeregelt.

„Ideal ist, wenn man überhaupt kein Holz im Wein fühlt", sagt Jacques Merlaut von der Alcatel-Alsthom-Gruppe. Sechs Tonnelliers sorgen dafür, daß der im Holz reifende Wein so wenig wie möglich danach schmeckt. Merlaut, der 1993 das Château von Cordier übernahm, hat dem Second Vin Sarget de Gruaud Larose auch etwas neues Holz verordnet. 20 % der Ernte von Sarget schlüpft in neue Kleider. Aber ein großer Teil reift in einmal gebrauchten Fässern des Grand Cru Classés.

Bei der Cépage sind sich Georges Pauli, Maître de Chai Philippe Carmagnac und der Chef de Culture Patrick Frédéric einig, daß die kapriziöse Petit Verdot-Traube wieder ins Programm gehört. Beim Sarget de Gruaud-Larose ist es je nach Jahrgang bereits wieder mit 8 bis 10 % des Mischsatzes der Fall. Die fast verschwundene Petit Verdot wird wieder hochgepäppelt, um später auch den Wein des Grand Cru Classés zu verstärken. 60 % Cabernet Sauvignon, 30 % Merlot und etwas Cabernet Franc komplettieren den Sarget.

Der 1993er Sarget zeigt beginnende Reife, die Aromen sind schon fein komponiert. Der 1994er hat noch einen hervorstechenden würzigen Lakritz-Ton. Trüffel- und Beerenaromen prägen den 1995er, der durch seinen höheren Anteil von Cabernet Sauvignon elegant wirkt. Mit dem 1996er ist der Mannschaft des neuen Besitzers Jacques Merlaut ein herrlicher Mundtapezierer gelungen.

Amiral de Beychevelle

Mit neuem Segel auf Erfolgskurs

Ein wenig Versailles, der Garten an der Gironde und ein zauberhaftes Schloß im Stil Ludwigs XV. Das ist Château Beychevelle, ein Cru Classé aus Saint-Julien. 25 000 Besucher pro Jahr sagen alles über seine Anziehungskraft.

Daß man sich über die Qualität eher verhalten äußerte, hatte sicher damit zu tun, daß wenig selektioniert wurde. Etwa 5 % Zweitwein für die Freunde, etwas „en vrac" an die Bordelaiser Négociants. Also für fast 90 % der Ernte das stolze Etikett von Château Beychevelle. Das war bei mehr als 70 Hektar zu viel, um einen erstklassigen Saint-Julien zu machen. Ein paar gute Jahrgänge in einem Jahrzehnt erwiesen sich als zu wenig für dieses Château.

Die neuen Inhaber seit 1984, GMF und Suntory, haben dem Mittelmaß den Kampf angesagt. Ende der achtziger und Anfang

Eine eindrucksvolle Zeder als Blickfang von Château Beychevelle

der neunziger Jahre war das Verhältnis zwischen ersten und zweiten Weinen 50 zu 50. Amiral de Beychevelle wird jetzt nicht mehr in einigen privaten Weinkellern verschwinden, er muß öffentlich als zweiter Wein von Château Beychevelle Farbe bekennen. Sein Name sollte eher Ansporn als Bürde sein. Denn im 17. Jahrhundert war der damalige Besitzer Herzog d'Epernan auch Großadmiral von Frankreich.

Der Weingarten, der mit Cabernet Sauvignon zu 60 %, Merlot zu 28 %, Cabernet Sauvignon zu 8 % und mit Petit Verdot zu 4 % bepflanzt ist, trägt seine Früchte schon seit dem 14. Jahrhundert und steht auf stark kieshaltigem Boden. Cabernet Franc und Petit Verdot sind nicht für Amiral de Beychevelle vorgesehen. Seine Struktur wird nur von der Cabernet Sauvignon- und Merlot-Traube bestimmt, deren Anteile je nach Jahrgang variieren.

Nach der Fermentation Malolactique reifen 15 % des Amiral de Beychevelle in neuen Barriques. 85 % müsssen mit einmal gebrauchten Fässern des Château Beychevelle vorliebnehmen. Zuviel neues Holz würde dem zwei-

Zweitwein von
Château Beychevelle
4ème Cru
Besitzer: GMF
Rebfläche: 85 ha
Rebsorten:
Cabernet Sauvignon 60 %
Merlot 28 %
Cabernet Franc 8 %
Petit Verdot 4 %

ten Wein auch nicht gut bekommen, da es die feine Frucht dominieren würde.

Im Geschmack sind die Jahrgänge in den neunziger Jahren selten unfreundlich, eher fein, offen und aufgeschlossen. Ihr Aroma ist leicht zu erobern. Würzige Kräuter, schwarze Johannisbeeren und etwas feuchter Waldbodengeschmack prägen die beiden schön gelungenen 1995er und 1996er Amiral de Beychevelle. Mit ihnen läßt sich die Reise durch die Saint-Julien-Weingüter vortrefflich beginnen.

La Croix de Beaucaillou

Saftig-Molliges mit Tannin-Biss

Wir leben in einer Zeit, in der Beständigkeit und Zuverlässigkeit nicht so honoriert werden wie etwa Spektakuläres, auch wenn es nur die Ausnahme ist und irgendwann vom Mittelmaß wieder eingeholt wird. So ist doch zumindest eine Zeitlang für Presserummel und Mundpropaganda gesorgt.

Das Saint-Julien-Château Ducru-Beaucaillou ist mit seinen in jedem Jahr vorbildlichen Weinen ein Musterbeispiel an Zuverlässigkeit. Es ist aus keinem privaten oder Restaurant-Weinkeller mehr wegzudenken. Und dort fehlen die Schlagzeilen des Weinjournalismus und das Gerangel, um einen bestimmten Jahrgang zu bekommen. Ducru-Beaucaillou ist nicht die in wippendem Rock auf hohen Pumps auftretende Tänzerin.

Aber Unrecht wäre es, dem Wein keinen Sexappeal zuzubilligen. Nur, an die Erotik dieses Weines hat man sich gewöhnt. Die Fachwelt nimmt es fast als Selbstverständlichkeit hin, daß jedes Jahr wunderbare Weine von diesem Gut kommen, und in ge-

Das Flaggschiff der Borie-Familie

wissen Jahren wie 1982, 1985, 1989, 1990, 1995 und 1996 gehören sie immer zu den Klassenbesten. Aber Schlagzeilen machten eher die anderen.

Auch daß es einen Zweitwein von fast der gleichen Klasse gibt, ist kaum bekannt. Seit 1994 hat man dem Namen La Croix noch Beaucaillou hinzugefügt. Endlich ist die edle Herkunft sichtbar gemacht. Aber ist der Wein nicht auch das Spiegelbild seiner Besitzer, der Familie Borie? François Xavier Borie, der Verantwortliche, auch Generaldirektor genannt, ist von zupackender Herzlichkeit. Alles, aber auch alles, was sein Wein verlangt, wird ihm gegeben. Ihm ist klar, daß La Croix de Beaucaillou auch für seinen Namen steht.

Der beste Önologe, Jacques Boissenot, der auch Lafite Rothschild und Mouton Rothschild berät, ist ebenso in seinen Diensten. Maître de Chai René Lusseau ist sein verlängerter Arm seit 1978.

Einen gefälligen Wein für die jedes Jahr im März einfallenden Journalistenscharen zu produzieren, indem man die zweite Gärung in ein paar Barriques verlegt,

Zweitwein von
Château Ducru-Beaucaillou
2ème Cru
Besitzer: Jean-Eugène Borie
Rebfläche: 50 ha
Rebsorten:
Cabernet Sauvignon 65 %
Merlot 25 %
Cabernet Franc 5 %
Petit Verdot 5 %

würde ihnen nicht im Traum einfallen. Diese solcherart früher und besser zu probierenden Weine werden nur ironisch kommentiert: „Parker-Weine". Damit ist alles gesagt. François Xavier Borie bemerkt, daß es bei kleinen Domainen wie in Saint-Émilion, Pomerol und Burgund mit der Hefe kein Problem gibt. Aber bei großen Domainen wird das komplizierter, denn jedes Barrique macht seine Malolactique zu einem anderen Zeitpunkt.

Außerdem ist es absurd, für die Presse einen Wein nach nur 3 bis 4 Monaten trinkbar zu machen, der nach 10 bis 15 Jahren Reifezeit Trinkbarkeit erlangen und eine Lebensdauer von 50 Jahren und mehr erreichen soll, nur um in Zeitschriften Schlagzeilen zu machen, weil man ein paar Punkte mehr bekommen hat.

Dazu ist der Zweitwein mit seinen 65 % Cabernet Sauvignon und bis zu 35 % Merlot im Gepäck gar nicht gedacht. Er bleibt auch etwas länger auf dem Château. Nach etwa vier Jahren wird er an den Handel abgegeben. Nach sechs bis acht Jahren ist La Croix de Beaucaillou ein prächtig zu trinkender Saint-Julien. Schwarze Beerenfrüchte, Röstaromen mit herzhaftem Tanninbiß demonstrieren beste Herkunft.

Les Fiefs de Lagrange

Eleganter Wein, nicht nur für Paris

Wir wollen einen ‚vin d'équilibre' und nicht einen Wein mit breiten Schultern und schmalen Hüften", sagt der Direktor von Château Lagrange, Marcel Ducasse. Wie immer auch so ein Wein aussehen mag, den er nicht will – welche Vorstellungen er von seinen Weinen hat, kann er beim Degustieren der vier jüngsten Jahrgänge deutlich demonstrieren.

Les Fiefs de Lagrange ist zum Liebling der Pariser Gastronomie aufgestiegen, bemerkt Marcel Ducasse lächelnd. Der japanische Önologe Kenji Seezuta, sein ständiger Begleiter, nickt stolz dazu. Die Les Fiefs der Jahrgänge 1995 und 1996 sind mit herrlichem Duft schon sehr gut zu verkosten. Die zarten Aromen von Cassis und Kräutern gehen leicht über die Zunge. Die Tanninschraube

Château Lagrange von seiner schönsten Seite

wird in Lagrange besonders beim Zweitwein deutlich zurückgedreht. Auch der Jahrgang 1997 ist gut gelungen, während 1998 wieder besonders prachtvoll zu werden scheint.

Der japanische Getränkekonzern Suntory erwarb das Gut 1983. Er riß es aus dem Tiefschlaf und hat einen Glücksgriff getan, als er Marcel Ducasse die Verantwortung übertrug. Man kann seine Arbeit nicht genug würdigen, denn aus einem vor sich hinträumenden Weingut mit 50 Hektar einen bestens funktionierenden Wirtschaftsbetrieb mit 113 Hektar zu machen, ist eine reife Leistung. Dazu waren auch mehrere hundert Millionen Francs von Suntory willkommen und notwendig.

Bei der Neubestockung des Weinberges hat man sich für die Rebsorten Cabernet Sauvignon mit 65 %, Merlot mit 28 % entschieden, dazu 7 % Petit Verdot, von der Kenji Seezuta sagt, sie sei wichtig für die Struktur des Weines. Über die Cabernet Franc-Traube kommt die kurze und bündige Aussage, sie passe nicht ins Médoc. Kies, Sand und Ton bestimmen das Terroir.

Zweitwein von Château Lagrange
3ème Cru
Besitzer: Sté Suntory
Rebfläche: 113 ha
Rebsorten:
Cabernet Sauvignon 65 %
Merlot 28 %
Petit Verdot 7 %

Seit 1985 gibt es regelmäßig Les Fiefs de Lagrange. Die jungen Reben, 1983 gepflanzt, sind jedoch erstmals im 1995er enthalten. Wie das jeweilige Gesicht von Les Fiefs de Lagrange aussehen wird, entscheidet sich schon im Dezember, wenn mit den einzelnen Cuves aus Inox die Ernten bestimmter Parzellen zur Vermählung anstehen und zugleich zur Scheidung zwischen erstem und zweitem Gewächs. 20 % neue Barriques sind auch für Les Fiefs de Lagrange vorgesehen. Eine nicht unbeträchtliche Investition für einen Zweitwein, da es sich um immerhin 200 neue Fässer pro Jahr handelt.

Wenn Sie demnächst in einem Pariser Restaurant sitzen, bestellen Sie doch mal Les Fiefs, und feiern Sie damit die Auferstehung von Château Lagrange.

Blason d'Issan

Delikat mit Aromen von Zartbitter-Schokolade

Ein guter Margaux ist die zarteste Versuchung, seit es Bordeaux-Weine gibt. Château d'Issan – ein Troisième Cru Classé aus Margaux – versteht es meisterhaft, dem Boden die Aromenvielfalt abzugewinnen, was auch für den Blason d'Issan, den seit 1994 kreierten Zweitwein, gilt. Das Weingut ist im Besitz der Familie Cruse, die schon seit 1812 im Bordelaiser Weinbau tätig ist. Erworben hat es Emmanuel 1945 für seine Frau, die den bescheidenen Wunsch äußerte, ein eigenes Château zu besitzen. Man muß wissen, daß die Familie Cruse zum damaligen Zeitpunkt mehrere Weinschlösser im Médoc besaß. Heute steht ihr Sohn Lionel Cruse für den Erfolg von Château d'Issan.

Ein einheitlicher Block von 35 Hektar, bepflanzt mit 75 % Cabernet Sauvignon und 25 % Merlot, ist auch für nicht weintrinkende Geologen spannend. Grüner und marmorfarbener Sand-

Bilderbucheinfahrt zu einem der schönsten Schlösser im Médoc

stein, bläulicher Quarz und schwarzer Feuerstein, angeschwemmt aus dem Zentralmassiv und den Pyrenäen, haben sich über Millionen von Jahren über das Hochwasser der Gironde speziell auf der linken Seite des Flusses abgelagert. Für den Weinbau ein Gottesgeschenk. Die Weine, die hier wachsen, kann man delikat nennen, mit einem Hauch von Zartbitter-Schokolade.

8 500 Reben je Hektar konkurrieren auf d'Issan im feinsandigen Kiesboden miteinander. Die jungen, bis zu zehn Jahre alten Pflanzen, sind für den Zweitwein Blason d'Issan vorgesehen.

Vergoren wird der Wein im Inox-Stahl, in dem auch die Milchsäuregärung stattfindet. Dann wird er in französische Eichenfässer umgefüllt, in denen bereits einmal der Erstwein reifte. Drei verschiedene Tonnelliers liefern mäßig erhitzte Fässer („barriques chauffés moyens").

Im Januar erfolgt der Verschnitt von Cabernet Sauvignon und Merlot sowie die endgültige Entscheidung, welcher Wein Château d'Issan und welcher Blason d'Issan wird. Anschließend reift der Blason bis zu 16

Zweitwein von Château d'Issan
3ème Cru
Besitzer: Emmanuel Cruse
Rebfläche: 35 ha
Rebsorten:
Cabernet Sauvignon 70 %
Merlot 30 %

Monate im Barrique. Der 1995er vertrat mit 30 000 Flaschen die Appellation Margaux schon sehr gut. Jedoch der 1996er mit 50 000 Flaschen ist der ganze Stolz Emmanuel Cruses und seines Sohns Lionel. Auf dem Tor des Châteaus ist in lateinischer Sprache zu lesen „Für die Tische der Menschen und die Altäre der Götter". Den 1996er Blason d'Issan, „wenn auch nur ein Zweitwein", dürfen sich auch die Götter nicht entgehen lassen.

Pavillon Rouge du Château Margaux

Enormes Fruchtpotential vom Terroir des Premier Cru Classé

Der neue Besitzer André Mentzelopoulos, einige Tonnen Schafsmist aus Pauillac sowie große Investitionen retteten das Premier-Cru-Weingut Château Margaux vor der Mittelmäßigkeit. Als Château Margaux in den 70er Jahren unter der Familie Ginestet in der Krise war, ein Verkauf unumgänglich wurde und sich ausländische Interessenten meldeten, um es zu erwerben, schaltete sich sogar die hohe Politik aus Paris ein. Es galt, dafür zu sorgen, daß das edle Gut in französischen Händen bliebt. Wenn es um seine Premier-Cru-Heiligtümer geht, reagiert Frankreich sehr sensibel.

Auch der Second Vin Pavillon Rouge du Château Margaux steht unter besonderer Beachtung,

Nach einer langen Platanenallee erhebt sich mächtig das vom Architekten Louis Combe mit vier ionischen Säulen auf einem Sockel stehend versehene Château Margaux

trägt er doch fast das gleiche Etikett wie der Premier Cru. Und das verpflichtet. Das Weingut hat einen Großteil seines Besitzes um das imposante Château gruppiert. Aber auch einige Satellitenparzellen liegen wie ein Flickenteppich verstreut neben Nachbarlagen. Einen Zweitwein gab es auf Château Margaux bereits Ende des 19. Jahrhunderts bis in die 30er Jahre. Danach ist er 40 Jahre lang mit anderen Weinen des Handelshauses Ginestet verschnitten und als einfacher Margaux verkauft worden. 1970 gab es zum ersten Mal Pavillon Rouge du Château Margaux – noch unter Ginestets Führung. Nach dem Kauf von Mentzelopoulos im Jahr 1977 blieb man dieser Tradition treu.

Paul Pontallier ist seit 1983 als Verwalter und Generaldirektor für das Weingut verantwortlich. Er gilt als die Person mit dem besten Gefühl für das Eichenholz, in dem der junge Wein bis zu zwei Jahre reift. Pontalliers Rat ist im Médoc auch auf anderen Châteaux sehr gefragt. Seine Entscheidung, bis zu 50% neues Holz für den Pavillon Rouge zu verwenden, ist für das Weingut ein teures Vergnügen. Doch das

Zweitwein von Château Margaux
1er Cru
Besitzer: Familien Agnelli
und Mentzelopoulos
Rebflächen: 90 ha
Rebsorten:
Cabernet Sauvignon 75 %
Merlot 20 %
Petit Verdot 3 %
Cabernet Franc 2 %

Ziel ist, dem Premier Cru in qualitativer Hinsicht sehr nahe zu kommen.

Paul Pontallier äußert sich auch kenntnisreich über das Alter der Weinstöcke auf Margaux. Er sagt, es gibt Weinreben, die schon 40 Jahre alt sind, aber nie erwachsen werden. Dagegen wiederum stehen zehnjährige Reben, die schon den ganzen Reichtum des Bodens in sich aufnehmen und unverzichtbarer Bestandteil des Grand Vin sind. Ungefähr die Hälfte der Ernte wird jährlich als Pavillon Rouge du Château Margaux abgefüllt. Es gibt keine speziellen Parzellen, die nur für den Zweitwein verwendet werden. Die Entscheidung für Erst- und Zweitwein erfolgt nach den Proben, an denen fünf Personen mit der jetzigen Mitinhaberin Corinne Mentzelopoulos teilnehmen.

Bestockt ist das Weingut mit 75 % Cabernet Sauvignon, 20 % Merlot und einem kleinen Rest von Petit Verdot und Cabernet Franc. Pavillon Rouge erhält etwas mehr Merlot als der Grand Vin. Eleganz und Kraft der Margaux-Weine sind weltberühmt und bieten viel Stoff für die Weinliteratur. Schwarze Johannisbeeren, Brombeeren und etwas delikate Bitterschokolade bilden das Geschmacksbild auch von Pavillon Rouge. Aus einem alten Weinbuch ist folgender Satz entnommen: „Ich trank einen Margaux, der mich nicht belog.“ Ob es der Grand Vin oder der Second Vin war, ist nicht überliefert – aber Margaux-Weine lügen nie!

Charmes de Kirwan

Geburt nach einem Œuvre von Joseph Haydn

Das Médoc ist wie ein Theater, auf dessen Bühne sich die Châteaux mit ihren Weinen präsentieren. Die Stars der Aufführung sind die in der Nähe der Gironde gelegenen Grands Crus Classés. Jeder neue Jahrgang wird wie eine Theaterpremiere weltweit in den Gazetten kommentiert. Die „Diven" stehen auf bestem, mit einer Kiesschicht bedecktem Boden, dessen Untergrund über Jahrmillionen aus dem Zentralmassiv angeschwemmt wurde. Diesem geologischen Wunder verdanken die Margaux-Weine ihre einzigartige Komplexität.

Auch Château Kirwan mit seinem 35 Hektar großen Weingarten, bepflanzt mit 40 % Cabernet Sauvignon, 30 % Merlot, 20 %

Château Kirwan mit seinem herrlichen Garten

Cabernet Franc und 10 % Petit Verdot, steht auf diesem begehrten Platz in der Nähe der Gironde, doch über viele Jahre konnte man dieses Potential nicht nutzen. Erst als Jean-Henri Schÿler die Geschicke des eigenen Handelshauses Schröder & Schÿler in Bordeaux seinem Sohn übergab und sich 1990 ganz auf dem Château niederließ, begann auf Kirwan ein Umdenken. Nach langer Zeit wurde 1993 erstmals ein Wein produziert, der sich qualitativ deutlich von den früheren Jahrgängen abhob. Das war auch das Geburtsjahr von Charmes de Kirwan, dem Second Vin.

Ein neues Team mit Philippe Motte als Chef de Culture für den Weingarten und dem Tausendsassa Michel Rolland als önologischem Berater sorgt jetzt dafür, daß die Weinfreunde auch beim Entkorken von Charmes de Kirwan großes Theater erleben. Zwischen 30 und 40 % der Ernte von Kirwan wird seit 1993 als Charmes de Kirwan abgefüllt. Das Ziel für den Second Vin ist, einen Margaux von höherer Qualität zum angemessenen Preis auf den Markt zu bringen. Aus Qualitätsgründen wird der Wein von jun-

Zweitwein von Château Kirwan
3ème Cru
Besitzer: Jean-Henri Schÿler
Rebfläche: 35 ha
Rebsorten:
Cabernet Sauvignon 40 %
Merlot 30 %
Cabernet Franc 20 %
Petit Verdot 10 %

gen Reben und ein Teil des Preßweines nicht dem Second Vin beigemischt, sondern dem sogenannten Margaux Générique, den man seit 1993 als einfachen Tischwein produziert.

Jean-Henri Schÿler, eine der charmantesten Persönlichkeiten nicht nur des Médoc, präsentiert mit seinem Charmes de Kirwan auch einen charmanten leckeren Margaux; von daher paßt die Namensgebung für seinen Second Vin. Wahr ist jedoch, daß man bis kurz vor der Abfüllung des 1993ers noch keinen Namen für den Second Vin hatte. Ein klassisches Konzert zu Beginn des Jahres 1995 im Park des Châteaus mit einem Œuvre de Charmes von Joseph Haydn und Johann Sebastian Bach gab schließlich den Ausschlag für die Namensgebung.

Charmes de Kirwan hat, ganz wie auch der Château Kirwan selbst, alle vier angepflanzten Traubensorten Cabernet Sauvignon, Merlot, Cabernet Franc und selbst den raren Petit Verdot in seinem Blut. Der vollständige Erfolg aller vier Rebsorten ist ein seltenes Phänomen. Die Reifung der einzelnen Sorten kann in jedem Jahr beträchtlich variieren, und entsprechend ändert sich die Zusammensetzung von Jahr zu Jahr. Man achtet jedoch darauf, daß der Charakter des Weines erhalten bleibt.

Wenn man in Zukunft über die großen Weine von Margaux spricht, muß man auch die Weine von Kirwan mit einbeziehen. Ebenfalls den Charmes de Kirwan, denn sein Start ist seit 1993 mit den Jahrgängen 1994, 1995, 1996 überaus erfolgreich. Buttrige Margaux-Süße, durchzogen von zartbitteren Adern, erlebt man schon nach drei bis vier Jahren Reifezeit. Wobei die Wartezeit nicht allzu lange währt, da der Wein bereits die ersten 18 Monate in einmal gebrauchten Fässern auf dem Château verbracht hat.

Ségla

Zurück zur Belle Époque

Es dauert vermutlich Jahrzehnte, bis man wieder den Stand von 1900 erreicht hat." Diesen Satz sagt ein Mitglied des Teams von Château Rausan Ségla in Margaux, welches unter der Führung von John Kolassa ab 1994 für den Deuxième Cru Classé verantwortlich ist, am Ende des 20. Jahrhunderts. Bis zu diesem Zeitpunkt stand es für den Erfolg von Château Latour in Pauillac. Als die Brüder Wertheim, Inhaber des Modehauses Chanel, das Margaux-Château übernahmen, wechselte das Team von Latour zu Rausan Ségla, um auch dort neue Maßstäbe in der Weinkultur zu setzen. Man breitete die Partitur des 19. Jahrhunderts aus, um nach dieser den Weingarten und die Architektur

Der Eingang zum Château ist wie eine Zeitschranke, durch die man das Jahr 1900 betritt

des Schlosses nach alten Stichen von 1903 wiederherzustellen. So empfängt das Château die Besucher heute in vollem Glanz der Jahrhundertwende.

Der Weingarten, 1855 als Deuxième Cru klassifiziert, genoß im letzten Jahrhundert einen großen Ruf. Das Gut brachte damals nach Château Margaux den kraftvollsten Wein der Region hervor. Aufgrund mehrerer Besitzwechsel entfachte der Wein in diesem Jahrhundert nicht mehr die Tafelmusik, die man von ihm erwartete. 1987 mußte der komplette Jahrgang deklassiert werden, und so entstand unter dem Namen Château Lanouroux, benannt nach einer Parzelle im Weingarten, der erste Zweitwein von Rausan Ségla. Ab 1989 hieß er dann offiziell Ségla. Aber erst 1995 wurde das Etikett mit dem Türmchen – „La Chapelle" genannt – versehen, in dem heute die offiziellen Weinproben stattfinden. La Chapelle ist Teil des Châteaus, wie auch Ségla ein Teil des Weines von Rausan Ségla ist.

In den Plänen des Weingutes aus dem letzten Jahrhundert waren alle vier Traubensorten verzeichnet. Lange Zeit nach seinem

Zweitwein von
Château Rausan Ségla
2ème Cru
Besitzer: Chanel
Rebfläche: 45 ha
Rebsorten:
Cabernet Sauvignon 63 %
Merlot 35 %
Cabernet Franc 2 %

großen Erfolg bestand der Wein von Rausan Ségla nur aus Cabernet Sauvignon und Merlot. Doch es zeigte sich, daß dem Wein etwas fehlte. Um die Qualität früherer Zeiten wieder zu erreichen, wurden neben den bereits bestehenden Cabernet Sauvignon und Merlot Petit Verdot und Cabernet Franc angepflanzt.

Diese vier Rebsorten trägt jetzt der Second Vin Ségla in sich. In Zukunft wird sie auch der Grand Vin in seinem Blut haben, wie im 19. Jahrhundert. Die erste und zweite Gärung erfolgt wie beim Grand Vin in Stahl-Cuves. 18 Monate darf der Rausan Ségla Haute Couture (Barriques Neuves) tragen. Für Ségla ist nicht etwa Prêt-à-porter vorgesehen, er genießt die einmal getragene Haute Couture 12 bis 15 Monate.

50 % der Ernte werden als Ségla abgefüllt. Die Reben sind aufgrund der vielen Neupflanzungen zwar noch etwas jung, aber der 1996er Second Vin zeigt mit seiner Kraft und seinen Beerenaromen, daß das Team um John Kolassa nicht nur Château Latour, sondern auch dessen Zweitwein Les Forts de Latour zu einem großen Wein gemacht haben.

La Réserve du Général

Mit betörenden Aromen den feinen Charakter untermalen

Das der Appellation Margaux zugehörige Château Palmer hatte schon an der Tafel des Kardinals Richelieu und Ludwig XV. unter seinem damaligen Namen Château le Gasque seinen festen Platz. Es war schon damals ein Werbeträger der Weine des Médoc.

In der heutigen Zeit ist das Troisième Cru Classé-Weingut inoffiziell besser als der von 1970 bis 1978 Schwäche zeigende Premier Cru Château Margaux. Danach wurden von den neuen Herren auf Margaux die Verhältnisse wieder zurechtgerückt. Aber Palmer blieb dem Premier Cru weiterhin dicht auf den Fersen. Auch beim Zweitwein ist man sich jetzt der Verantwortung bewußt und demonstriert das mit dem La Réserve du Général; denn der englische General Palmer ist der Inhaber und Namensgeber des Weingutes im 19. Jahrhundert gewesen.

Das direkt an der Route du Médoc gelegene Château Palmer – hier von der Rückseite mit seinem Park zur Gironde gewandt

Das Terroir von Palmer besteht aus zwei bis drei Meter tiefen Kiesböden und ist bepflanzt mit 40 % Merlot, 55 % Cabernet Sauvignon und 5 % Cabernet Franc. Der Weingarten ist wie üblich aufgeteilt in Parzellen, wobei die Parzellen getrennt vinifiziert werden. Sie werden, getrennt auch nach Traubensorten, im Anschluß an die Malolactique für die ersten 3 Monate ins Barrique gefüllt. Durch intensive Proben wird dann entschieden, welcher Wein mit Château Margaux um die Gunst der Weinfreunde kämpfen soll und welche Cuvée mit Pavillon du Château Margaux in den Wettstreit tritt. Nach der Vermählung der einzelnen Traubensorten reift die neue Cuvée bis zu 16 Monate in einmal vom Château Palmer gebrauchten Fässern.

Beim Jahrgang 1996 betrug der Anteil für den Zweitwein 20 % der Ernte. 1997 waren es immerhin 40 %. 1998 sind 50 % der Vendange für La Réserve du Général reserviert. Die Weine von Palmer sind in großen Jahren von opulenter Schönheit. Man glaubt, den Geschmack von Trüffeln, Dörrpflaumen und Kräutern zu erkennen.

Zweitwein von Château Palmer
3ème Cru
Besitzer: Familien Mähler-Bresse und Sichel
Rebfläche: 45 ha
Rebsorten:
Cabernet Sauvignon 50 %
Merlot 45 %
Cabernet Franc 5 %

Schon sehr früh sind die Weine mit ihrem verführerischen Duft und den verlockenden Aromen ansprechbar, und im reifen Alter erweisen sie sich oft als Match-Winner. Mit den neuen Jahrgängen tritt La Réserve du Général in die Fußstapfen des Troisième Cru Classé. Vom selben Terroir bei gleicher Pflege ist er ein Palmer – und erschwinglich auch für ein bescheideneres Budget.

Le Baron de Brane

Ein Cantenac im Kleid von Margaux

Baron Hector de Brane ließ 1838 in einer Fachzeitung mitteilen, daß das Château Gorce-Gui von nun an Brane-Cantenac heißen solle. Das geschah rechtzeitig vor der Klassifizierung der Weingüter im Bordelais, bei der seinem Wein die Ehre zuteil wurde, als Deuxième Cru eingestuft zu werden.

Baron de Brane fand hier die idealen Bedingungen, erstklassigen Wein zu machen. Denn das Château mit seinen 85 Hektar Land steht auf einem zehn Meter tiefen Kiesboden, der für gute Entwässerung sorgt. Heute ist es bepflanzt mit 70 % Cabernet Sauvignon, 20 % Merlot und 10 % Cabernet Franc. Trotz der hohen Auszeichnung waren die Preise für diesen Deuxième Cru immer moderat. Auch als die Familie Lurton das Weingut 1922 erwarb, änderte sich das nicht. Brane-Cantenac blieb selbst im Krei-

Château Brane-Cantenac – vom Park aus betrachtet

se der Grands Cru Classés einer der preiswerten Weine. Im Medienzeitalter wurde allerdings zuviel Bescheidenheit demonstriert. Auch vom Zweitwein Château Notton, dessen Name von einem kleinen Gebäude stammt, welches auf einer separaten Parzelle steht, machte man nicht viel Aufhebens. Trotz der edlen Herkunft landete der Wein unerkannt in den Regalen der Supermärkte.

Seit Henri Lurton als Önologe auf seinem Familiengut die Zügel in der Hand hat, wird stark selektioniert, und der Zweitwein, jetzt Baron de Brane genannt, soll auch seine Herkunft nicht mehr verleugnen.

Für Baron de Brane werden die Trauben der zehn- bis 15jährigen Rebstöcke genommen, die in den achtziger Jahren gepflanzt wurden. Für die Fermentation werden drei verschiedene Cuves verwendet, Zement, Holz und Inox. Henri Lurton bevorzugt die ersten beiden Varianten für die alkoholische Gärung und für die Malolactique.

Wie ernst man hier die Qualität des Baron de Brane nimmt, wird dadurch dokumentiert, daß in jedem Jahr 20 % der Barriques, in

Zweitwein von Château Brane-Cantenac
2ème Cru
Besitzer: Sophie Lurton
Rebfläche: 85 ha
Rebsorten:
Cabernet Sauvignon 70 %
Merlot 20 %
Cabernet Franc 10 %

denen der Wein 14 Monate reift, erneuert werden. Die Leistungen des Châteaus waren in den neunziger Jahren recht vielversprechend. Den Standard eines Deuxième Cru erreichte das Gut aber erst 1996. Auch Baron de Brane brachte einen vollen, körperreichen Wein, weil die Cabernet Sauvignon glänzende Reife zeigte. Eichenholzwürzige schwarze Johannisbeeren dominieren den Geschmack dieses großen Jahrgangs. 1997 ist auch recht gut gelungen. Der Weg in die Kontinuität hat vielversprechend begonnen. Henri Lurton ist weiterhin eine glückliche Hand zu wünschen.

Château Canuet

Ein Margaux im neuen Gewande

Erst war ich ein unbedeutender Erstwein, jetzt bin ich ein wichtiger Zweitwein eines berühmten Margaux-Châteaus", könnte Château Canuet von sich sagen. 1981 wurde das Weingut Canuet von der Familie Vivier, den damaligen Inhabern von Château Cantenac Brown, erworben. Das kleine Weingut Canuet ist sich nicht zu schade, neben dem Troisième Cru Classé Cantenac Brown ein neues Weinleben zu führen. Château Cantenac Brown sowie auch das kleine Château Canuet liegen zwar in der Gemeinde Cantenac, werden aber unter der Appellation Margaux geführt. Insgesamt 52 Hektar sind mit 65 % Cabernet Sauvignon, 25 % Merlot und 10 % Cabernet Franc bepflanzt und seit 1987 ein Teil des Weinimperiums AXA Millésimes.

„Wer zu Cantenac Brown will", sagt Daniel Llose, „sollte durch die Tür von Château Canuet gehen." Der bildhafte Satz

Das englisch anmutende Château Cantenac Brown mit seinen 52 Hektar

des technischen Direktors will sagen, daß man dem Grand Vin Zeit zum Reifen gibt, indem man zuerst den Second Vin Canuet trinkt.

Château Canuet besitzt nicht nur ein eigenes Château, der Wein wird auch im eigenen Chai vinifiziert. Da er aber jetzt als Second Vin von Cantenac Brown auf den Markt kommt, hat sich sein Gesicht stark verändert. Charme und Charakter der Appellation Margaux sind jetzt ausgeprägter durch den Anteil der Cuves von Cantenac Brown.

Im 19. Jahrhundert erfreute sich der Wein von Cantenac Brown großer Beliebtheit. Unter der Familie Lalande, die 120 Jahre lang Eigentümer des Troisième Cru Classés war, sprach man von der Feinheit der Margaux-Weine, die sich mit den reizvollen Eigenschaften der Weine von Saint-Julien verbinden. Außerdem duldete man keine zweitklassigen Rebsorten. So bestand die Cépage aus Cabernet Sauvignon, Cabernet Franc und Petit Verdot. Die heute mit 25 % Anteil eine wichtige Rolle spielende Merlot-Traube galt damals als nicht fein.

Zweitwein von
Château Cantenac Brown
3ème Cru
Besitzer: AXA Millésimes
Rebfläche: 52 ha
Rebsorten:
Cabernet Sauvignon 65 %
Merlot 25 %
Cabernet Franc 10 %

Die Merlot hat sich jedoch längst auch im Médoc etabliert, und mit der heutigen Cépage will man an die Glanzlichter von einst anknüpfen. Château Canuet ist ein wichtiger Botschafter, um den Brückenschlag zum Cantenac Brown zu schlagen. Je nach Reife der einzelnen Traubensorten entspricht der Mischsatz für Canuet in kleinen Abweichungen dem des Erstweins. Die erste und zweite Gärung findet im Edelstahl statt, um dann in einmal benutzten Fässern des Grand Vin 12 bis 15 Monate zu reifen.

Der Schrifttypus auf dem Etikett des Château Canuet gleicht dem der berühmten Duftmarke Chanel. Ein bißchen Esprit von Chanel kann auch dem Wein von Canuet nicht schaden.

La Demoiselle de Sociando-Mallet

Selbstbewußter Wein im Gastro-Tempel von Paris

„Wir machen keinen Saint-Estèphe, wir machen Wein von Sociando-Mallet", antwortet selbstbewußt der technische Direktor Gabriel Rivero auf die Frage, ob das oberhalb von Saint-Estèphe bei Saint Seurin gelegene Weingut geschmacklich in die Richtung der benachbarten Weinregion geht. Klassifiziert ist dieses Weingut nur als Cru Bourgeois mit der Appellation Haut-Médoc, aber die Herrschaften von Sociando-Mallet spielen mit ihrem Wein schon lange in einer anderen Liga. Als Seriensieger über gleichklassifizierte Gewächse, fast dieser Vergleiche überdrüssig, sehnt man sich nach größeren Herausforderungen mit den Grands Crus Classés. In diese würde man bei einer Neuklassifizierung sicher aufgenommen werden.

Als einer der ersten Gastro-Tempel reagierte das Drei-Sterne-Restaurant Taillevent in Paris mit einer der besten Weinkarten der Welt. Zahlreiche Jahrgänge des potenten Außenseiters findet man

Ein bescheidenes Haus – aber mit der besten Lage an der Gironde

im Olymp der Gastronomie. Auch La Demoiselle de Sociando-Mallet klopft schon an diese Tür, um aufgenommen zu werden. Der Inhaber Jean Goutreau ist nicht nur auf seinen Wein stolz, sondern auch auf seine Tochter, der er den Zweitwein durch die Namensgebung La Demoiselle widmet.

Aus 65 Parzellen, verteilt auf 60 Hektar, entstehen der Cru Bourgeois und sein Second Vin. 60 % Cabernet Sauvignon stehen auf kargen Kiesböden. 30 % Merlot sind auf Argile (Tonböden) gepflanzt. Der Spanier Gabriel Rivero ist für den Wein seit 1992 verantwortlich. Die Meßlatte ist hoch für ihn, denn der letzte große Jahrgang, der die Weinwelt verzückte, war der 1990er. Daß noch viele Weine von dieser Qualität produziert werden, dafür stehen Jean Goutreau und jetzt auch Gabriel Rivero mit seinem Fachwissen.

Vergoren wird der Wein im Edelstahl, in dem auch die Fermentation Malolactique stattfindet. Bereits im Dezember vor der Assemblage entscheidet man durch Degustation, welcher Wein ins neue Barrique darf und wer

Zweitwein von
Château Sociando-Mallet
Cru Bourgeois
Besitzer: Jean Goutreau
Rebfläche: 60 ha
Rebsorten:
Cabernet Sauvignon 60 %
Merlot 40 %

die einmal gebrauchten Kleider trägt, um auch darin zum attraktiven Wein zu reifen. Schon nach einer Reifezeit von 12 Monaten wird La Demoiselle auf Flaschen gefüllt.

Für einen Second Vin zeigt sich La Demoiselle von enormer Fruchtdichte. Die Jahrgänge 1994, 1995, 1996 mit ihrer tiefdunklen, fast schwarzen Farbe, deren Geschmack an Lakritz, Mandeln und süße, reife schwarze Johannisbeeren erinnert, erfordern ein bißchen Geduld. Aber nach ungefähr fünf Jahren Wartezeit läßt sich La Demoiselle doch erobern.

Les Allées de Cantemerle

Zarte Farbtupfer elegant harmonisch komponiert

Gleich zu Anfang der Straße ins Médoc liegt eines der besonders zauberhaften Weingüter unter den Grands Crus Classés des Bordelais. Eine kleine Allee führt durch einen Park zum fünften Gewächs Château Cantemerle. Diese Allee ist seit 1995 Namensgeber des Zweitweins von Cantemerle. Bis dahin etikettierte man den Wein, der nicht für den Grand Cru Classé in Betracht gezogen wurde, als Baron Villeneuve de Cantemerle. Wer einmal das Château besucht hat und durch diese Allee gefahren ist, muß vom neuen Namen des zweiten Weins begeistert sein.

Als die neuen Herren von der Versicherungsgruppe das Gut 1991 übernahmen, hielt sich ihre Begeisterung über den Zustand des Weingartens in Grenzen. Um 1900 waren 100 Hektar bepflanzt, jetzt standen noch 22 Hektar unter Reben. Der in hohem Alter 1976 verstorbene Pierre J. Dubois hatte hilflos mit

Das Château in seinem Park, zur Linken der neu renovierte Chai

ansehen müssen, wie es um sein Gut immer stiller wurde. Seine beiden Töchter waren mit Männern verheiratet, die dieser Aufgabe nicht gewachsen waren. So war der Besitzerwechsel der Rettungsanker für das mehr als 300 Hektar große Anwesen. Man begann zügig mit Neupflanzungen, so daß man 1999 wieder einen stattlichen Weingarten von 89 Hektar bearbeiten kann.

Seit 1982 kommt dem Zweitwein von Cantemerle eine große Bedeutung zu. War es zu Anfang nur der deklassierte Teil von Cantemerle, welcher unter dem Namen des Zweitweins verkauft wurde, ist in den Neunzigern aber schon ein großer Teil der jetzt acht bis 15 Jahre alten Reben dazugekommen, um das Gesicht des neuen Namens Les Allées de Cantemerle zu prägen. Vergoren wird der Wein von Cantemerle in Edelstahltanks und großen Holz-Cuves. In diesen findet auch die zweite Gärung statt. Danach wird entscheiden, welcher Wein die Farben des Erstweins trägt und welcher zukünftig Les Allées präsentieren wird.

40 % Merlot, 35 % Cabernet Sauvignon und 20 % Cabernet

Zweitwein von
Château Cantemerle
5ème Cru Classé
Besitzer: SMABTP
Versicherungsgruppe
Rebfläche: 89 ha
Rebsorten: Merlot 40 %
Cabernet Sauvignon 35 %
Cabernet Franc 20 %
Petit Verdot 5 %

Franc sowie etwas Petit Verdot reifen seit 1995 sogar in zu 20 % neuen Barriques. Das verdeutlicht die große Bedeutung, die man auch dem Zweitwein beimißt.

Der bekannte Önologe Georges Pauli berät die Crew von Cantemerle, damit Les Allées de Cantemerle auch ein eigenständiger eleganter Wein des Médoc wird. Man kann von diesem Gut nicht die von vielen, auch amerikanischen Weinjournalisten so geliebten Fruchtbomben erwarten. Zugegeben, die Aromen von Erde, Eichenholz und Früchten sind in der Jugend noch etwas streng, aber nach fünf Reifejahren ist Les Allées de Cantemerle bereit, Sie durch den Park zu führen, um Lust auf den Grand Cru Classé zu machen.

La Parde de Haut-Bailly

Schwarzkirsche und Trüffeln im Gepäck

Im unteren Teil des Weingebietes Graves, der sich Pessac-Léognan nennt, liegen die letzten namhaften Rotwein erzeugenden Weingüter, ehe man weiter südlich das für seine Süßweine weltberühmte Sauternes erreicht. Bevor der Weinreisende sich diesen Dessertweinen zuwendet, sollte er zum Hauptgericht den Nektar des auf einem Kieshügel liegenden Château Haut-Bailly versuchen. Ehe die Weine in Sauternes oder Barsac golden und süß werden, schenkt das Terroir dem Château Haut-Bailly in Léognan zum Abschied elegante feinste Rotweine – als wollte die Natur ein Kontrastprogramm bieten.

Auf Château Haut-Bailly werden keine Weinprobengewinner erzeugt. Hat der Weinfreund jedoch einmal seinen Fuß in der Tür, lassen ihn die subtilen Aromen von Schwarzkirsche und Trüffeln nicht mehr los. Die Weine verraten viel von dem Herzblut des überaus sympathischen

Die schlichte Fassade von Haut-Bailly

Daniel Sanders, der von 1955 bis 1998 den Besitz innehatte. Ab 1999 bleibt ihm nach dem Verkauf an den Amerikaner Robert G. Wilmers immer noch der Posten des verantwortlichen Direktors. Die vertrauten Personen blieben dem Weingut erhalten.

Der Weingarten, der um das Château gruppiert ist, trägt 65 % Cabernet Sauvignon und 35 % Merlot. Die Qualitätstrennung zwischen erstem Wein Château Haut-Bailly und zweitem Wein La Parde de Haut-Bailly wurde 1967 vollzogen. Man weiß schon sehr früh nach der alkoholischen Gärung im Dezember, welcher Wein die zweiten Farben des Châteaus vertreten wird. Nach der Malolactique reifen 10 bis 20 % des Zweitweins in neuen Barriques. Der andere Teil ruht 12 bis 14 Monate in einmal von Château Haut-Bailly benutzten Eichenfässern.

Auch hier auf Château Haut-Bailly spürt man das gewachsene Interesse der Restaurants am Zweitwein La Parde de Haut-Bailly. Daß das Weingut in besonders guten Händen ist, verdankt es auch Professor Pascal Ribéreau-Gayon, dem berühmten

Zweitwein von Château Haut-Bailly
Cru Classé
Besitzer: Robert G. Wilmers
Rebfläche: 28 ha
Rebsorten:
Cabernet Sauvignon 65 %
Merlot 35 %

Önologen. Sein ebenso begabter Schüler Denis Dubordieux übernimmt auf Château Haut-Bailly immer mehr Verantwortung.

Im Mischsatz gibt man beim Zweitwein der Merlot-Traube den Vorzug. Die sonst eher mollige und stämmige Weine produzierende Traube fügt sich hier dem Terroir, und so entstehen in Verbindung mit Cabernet Sauvignon fein duftende Graves-Weine. Eine Erklärung hat man dafür noch nicht; aber Dubordieux beschäftigt sich ausgiebig mit Bodenanalysen. Die Aufklärung wird sicherlich nicht lange auf sich warten lassen.

Le Bahans du Château Haut-Brion

Ein kleines Meisterwerk von Jean Delmas

In einem Weinkatalog der Pariser Firma Nicolas aus dem Jahre 1924 findet man aufgelistet einen Château Haut-Brion Premier Vin zu 125 Francs und einen Château Haut-Brion Deuxième Vin zu 75 Francs. Also war es zu der Zeit auf Haut-Brion schon üblich, einen zweiten Wein zu produzieren, und man demonstrierte seinen hohen Stellenwert mit einem respektablen Preis.

Zu Anfang nur als Zweitwein von Haut-Brion vermarktet, bekam er später den Namen Château Bahans Haut-Brion, zur Erinnerung daran, daß man um die Jahrhundertwende von der Familie Bahans einige gute Parzellen gekauft hatte.

1992 gab es eine kleine Änderung des Namens. Um die edle Herkunft noch deutlicher zu machen, nennt man ihn jetzt Le

Reizvolle Sicht durch den Torbogen auf Château Haut-Brion

Bahans du Château Haut-Brion. Wie schon die neue Namensgebung zeigt, will man mit Le Bahans du Château Haut-Brion einen Wein produzieren, der dem Premier Cru wie ein Bruder gleichen soll, etwas leichter möglicherweise und früher trinkbar, aber von gleicher aromatischer Struktur.

Das Château mit seinem Rebgarten liegt am Stadtrand von Bordeaux auf einer Kiesbank. Auf dieser befinden sich insgesamt vier Weingüter, deren Namen mit Haut-Brion enden: Château La Mission Haut-Brion, Château Latour Haut-Brion, Château Haut-Brion und Château Les Carmes Haut-Brion. Der Generaldirektor der drei erstgenannten Châteaux ist Jean Delmas. Sein Verdienst ist es, daß es immer gelungen ist, selbst in schwierigen Jahren, beständige, harmonische Erst- und Zweitweine zu produzieren.

Der Mischsatz von Haut-Brion besteht je nach Jahrgang für den Erst- und Zweitwein zu 40 bis 60 % aus Merlot und 40 bis 45 % aus Cabernet Sauvignon. Beim Cabernet Franc sind es zwischen 6 und 18 %. In großen Jahren wie 1989, 1990 und 1995

Zweitwein von
Château Haut-Brion
1er Cru
Besitzer: Domaine Clarence Dillon
Rebfläche: 42,5 ha
Rebsorten:
Merlot 45 %
Cabernet Sauvignon 40 %
Cabernet Franc 15 %

reift Le Bahans du Château Haut-Brion ungefähr 18 Monate in bis zu 30 % neuem Holz, in normalen Jahren in einmal gebrauchten Fässern.

Im Jahr 1989 war das Traubengut so phänomenal, daß nur ein geringer Teil für den Zweitwein verwendet wurde. Durchschnittlich werden ca. 60 000 Flaschen Bahans abgefüllt.

Es gibt zwar auf der ganzen Welt zu den verschiedensten Bordeaux-Weinen analog geschmackliche Verwandte, aber nicht zu den Haut-Brions. Diese Weine stehen mit ihrem rauchigen, tabakwürzigen Kräuteraroma einzigartig in der Welt da. Daher ist Le Bahans du Château Haut-Brion selbst als Zweitwein eine Rarität, ein Kleinod.

La Chapelle de La Mission Haut-Brion

Von kräftig exotischer Art

Die Geschichte von La Mission Haut-Brion ist lang, die Besitzverhältnisse lassen sich bis 1540 zurückverfolgen. Seinen Namen bekam das Weingut aber etwas später von den Lazaristen, einem Missionsprediger-Orden, die das Weingut von 1664 bis zur Französischen Revolution in Besitz hatten.

La Mission Haut-Brion wurde aber erst nach dem Ankauf der Familie Woltner im Jahr 1919 bekannt und begehrt. Ansporn für die Qualitätsfanatiker Henry und Fernand Woltner war die Legende vor der eigenen Haustür, das auf der anderen Straßenseite befindliche Château Haut-Brion, 1885 als erstes Gewächs klassifi-

Château La Mission Haut-Brion – der Konkurrent von Le Bahans du Château Haut-Brion, jetzt im gleichen Besitz

ziert. Bis 1983 war es ein Wettstreit um den besten Graves-Wein zwischen dem Tüftler Woltner und seinem berühmten Nachbarn.

Bis dahin wurde der Wein, der nicht das Etikett von La Mission Haut-Brion tragen sollte, einem anderen Wein, dem Château Latour Haut-Brion beigemischt, von einem 6,5 Hektar kleinen Weingut, das ebenfalls zu Woltners Besitz gehörte. 1983 kam es zum großen Besitzwechsel. Château Haut-Brion kaufte die Güter von Woltner mit dem Rivalen La Mission Haut-Brion.

Ein paar Jahre noch behielt man die Regelung bei, den zweiten Wein von La Mission Haut-Brion dem tanninstrengen Latour Haut-Brion beizumischen.

Auf La Mission steht noch eine kleine Kapelle aus der Zeit des Missionsprediger-Ordens. Sie fungierte ein zweites Mal als Namensgeber. Diesmal für den 1991 gegründeten Second Vin La Chapelle, den jetzt offiziellen Zweitwein von La Mission Haut-Brion. Jean-Bernard Delmas, der mit völliger Handelsfreiheit der Besitzer ausgestattete Direktor, ist jetzt in der glücklichen Lage,

**Zweitwein von
Château La Mission Haut-Brion**

Cru Classé
Besitzer: Domaine Clarence Dillon
Rebfläche: 20,9 ha
Rebsorten:
Cabernet Sauvignon 48 %
Merlot 45 %
Cabernet Franc 7 %

zwei Weltklasseweingüter zu dirigieren. Das ist so, als hätte man die Leitung der Berliner Philharmoniker und zugleich die der Wiener Philharmoniker.

Zur Konkurrenz im eigenen Haus Château Haut-Brion gegen Château La Mission Haut-Brion kommt jetzt auch noch der reizvolle Vergleich der Zweitweine La Chapelle mit Bahans Haut-Brion. Da aber alle Weine von ein und demselben Team betreut werden, wird es ein Wettstreit des Bodens und der Rebe.

Vergoren wird der Wein im Inox, wo auch die Malolactique stattfindet. Erst- und Zweitwein werden durch Blindverkostungen bestimmt. Zu La Chapelle kommt noch ein Teil der ganz jungen Reben zwischen drei und zehn Jahren, wenn auch sie schon ihre Klasse aufblitzen lassen.

Jean-Bernard Delmas besitzt bei der Barrique-Wahl großen Spielraum. Bei den verschiedenen Weinen unter seiner Regie läßt sich leicht die richtige Wiege für die Reifung des La Chapelle finden. Meistens ist es einmal gebrauchtes Holz von La Mission.

Der Mischsatz ist ähnlich wie beim Erstwein. 48 % Merlot und 45 % Cabernet Sauvignon werden mit dem kräuterhaften Geschmack von 7 % Cabernet Franc gewürzt. Im geschmacklichen Vergleich zu Bahans Haut-Brion, den man delikat gewürzt nennen kann, ist La Chapelle von kräftig exotischer Art.

L'Esprit de Chevalier

Der Duft der Kiefernwälder am Atlantik

Eine Insel von 35 Hektar inmitten von Kiefernwäldern in der Gemeinde Léognan, südöstlich von Bordeaux gelegen, das ist das Weingut Domaine du Chevalier. Bis zum 150 Kilometer entfernten Biarritz erstreckt sich der Kiefernwald und hat mit seinem harzig-süßlichen Parfum, welches die zwei Millionen Hektar an die Umwelt abgeben, auch einen geschmacklichen Einfluß auf den Wein.

Der Weingarten, bestückt mit 65 % Cabernet Sauvignon, 30 % Merlot und 5 % Cabernet Franc atmet dieses Parfum bis zu seiner Reife ein. Die Reben stehen auf einem 20 bis 40 Zentimeter dicken, schwarzen Sandboden und wurzeln in mit Ton vermischtem Kies („argile avec de la grave"). Hier auf der Domaine sagt man: Die Erde ist die Mutter, sie erzieht und ernährt die Weintrauben und gibt ihnen ihre Identität.

Der Chai mit seiner Jahrespracht der Domaine de Chevalier

Seit Jahren schon wird ökologisch gedacht und gearbeitet. Gedüngt wird nur organisch, teilweise mit eigenem kompostiertem Dünger, denn das, was uns die Traube gegeben hat, Trester, Stiele, wird ihr wieder zurückgegeben. Nach sechs bis zehn Jahren ist es wieder im Kreislauf integriert. „Auf einer Karte von 1760", sagt Rémi Edange, stellvertretender Direktor der Domaine, „sind die gleichen Lichtungen und Weinberge verzeichnet. Damals hatte man schon die Natur verstanden. Wir wollen im gleichen Geiste die Arbeit weiterführen."

Die Reben für den Spitzenwein sind zwischen 25 und 40 Jahre alt, die für den zweiten Wein L'Esprit de Chevalier zwischen 5 und 20 Jahre. Beim Zweitwein ist der Mischsatz mit 50 % Cabernet Sauvignon und 50 % Merlot anders als beim Domaine de Chevalier. Jede Parzelle wird getrennt vinifiziert, aber die Bearbeitung im Weinberg ist gleich. Minderwertige Trauben werden entfernt, denn sie würden einen schlechten Geschmack abgeben. Nach der zweiten Gärung fällt die endgültige Entscheidung, welcher Erstwein, Esprit de Che-

Zweitwein von Domaine de Chevalier
Cru Classé
Besitzer: Olivier Bernard
Rebfläche: 35 ha
Rebsorten:
Cabernet Sauvignon 65 %
Merlot 30 %
Cabernet Franc 5 %

valier oder auch nur ein dritter Wein, ein einfacher Graves, wird.

Ist die Frucht dicht, kompakt und kraftvoll, das Tannin eng und straff, wird es ein Domaine de Chevalier. Ist der Wein fleischig, das Skelett aber nicht stark genug, um die Frucht beim Altern zu unterstützen, wird es ein Esprit de Chevalier. 14 Monate reift der Esprit in ein- bis zweimal gebrauchten Fässern vom Erstwein. Er entwickelt sich dann zu einem feinen, früh trinkbaren Wein mit zarten Fruchtaromen.

Schon bei einer jungen Flasche L'Esprit kann man im Geiste für ein paar Stunden im Bordelais verweilen und den harzig-süßlichen Duft der Kiefernwälder spüren.

Le Clémentin du Château Pape Clément

Feine Aromen auf dem Kiesbett von Pessac

Erzbischof Bertrand de Got, der den irdischen Freuden sehr zugetan war, wurde 1306 zum Papst gewählt und ging als Papst Klemens V. in die Geschichte ein. Um 1300 hatte er sich einen Weingarten zugelegt und auch mit Philipp dem Schönen auf dem Château ausgiebige Feste gefeiert.

Später erhielt das Château den Namen Pape Clément. Bis zur Französischen Revolution blieb es in kirchlichem Besitz. Nach einer Leidenszeit mit wechselnden Besitzern widmete sich Paul Montagne, ein bekannter Dichter, 1939 diesem Grand Cru Classé Graves-Weingut, das unweit der Güter Haut-Brion und La Mission Haut-Brion liegt. Heute wird es unter der Societé Montagne geführt.

Aber auch hier galt es, eine Durststrecke mit eher bescheidenen, fruchtarmen Weinen von 1976 bis 1985 zu überwinden. Erst als der heutige Verwalter für

Château Pape Clément mit Romeo-und-Julia-Balkon

seinen ersten Jahrgang 1985 verantwortlich war, konnte man in der Qualität eine steigende Tendenz vermerken. Bis hin zum Höhepunkt des 1996ers war es aber ein steiniger Weg. Das Nachlassen der Klasse bei einstmals attraktiven Weinen hat viele Ursachen. Eine davon ist die mangelnde Selektion. Das beste Traubengut für den Erstwein, das zweitbeste für den Zweitwein sollte es sein. Was nicht diesen Ansprüchen genügt, wird als Wein mit einer einfachen Appellation dem Handel überlassen. So streng sind die Qualitätsgesetze von Bernard Pujol, dem Direktor von Pape Clément, und die Ratschläge von Professor Pascal Ribéreau-Gayon, dem Direktor des „Institut d'œnologie de Bordeaux".

Der Start für den Zweitwein Le Clémentin du Château Pape Clément war 1986 überaus erfolgreich. Der Jahrgang 1996 beginnt das Jahrzehnt von Le Clémentin bravourös. Das Verhältnis von 60 % Cabernet Sauvignon zu 40 % Merlot gilt mit kleinen Abweichungen auch für den Zweitwein.

Beide Gärungen, die alkoholische sowie die malolaktische, fin-

Zweitwein von
Château Pape Clément
Cru Classé
Besitzer:
Léo Montagne, Bernard Magrez
Rebfläche: 32,5 ha
Rebsorten:
Cabernet Sauvignon 60 %
Merlot 40 %

den im Edelstahl ihre Vollendung. Den Anteil an neuen Barriques hat man für den Grand Vin auf 90 % hochgeschraubt. Einige neue Barriques werden auch für Le Clémentin verwendet. Der Rest kommt wie üblich vom Grand Vin. Tabakartige Noten mit schwarzen Früchten sind das reizvolle Ergebnis des Zweitweins. Wenn man in Zukunft von den „Großen Drei" spricht, Château Haut-Brion, Château La Mission Haut-Brion und Château Pape Clément, so kann man deren Zweitweine, die von beachtlicher Qualität sind, in einem zweiten Atemzug nennen.

La Petite Église

Attaque tendre – Gaumenschmiede mit weichen Tanninen

In Bordeaux gehen die Uhren langsam, noch langsamer im nahen Weingebiet Pomerol. So mußten erst internationale Weinproben die Weinperle Château l'Église Clinet der Weinwelt bekanntmachen. Wunderbare Weine produzierte dieses Gut schon einige Zeit, nur nahm kaum jemand Notiz davon. Der Erfolg hat einen Namen: Denis Durantou. Seine Familie besitzt das Weingut schon seit dem 17. Jahrhundert. Erst als Verkaufsabsichten laut wurden, übernahm er die Verantwortung.

Vorher studierte Durantou Politik und Wirtschaft, ehe er die Kurve zum Wein am Önologischen Institut von Bordeaux nahm. Um auch weiterhin von großen Jahrgängen seines Châteaus l'Église Clinet träumen zu können, mußte das Unternehmen auf gesunde Füße gestellt werden. Drei Hektar bis 1983 mehr oder

Das bescheidene Anwesen von L'Église Clinet, vom Weingarten aus betrachtet

weniger brach liegendes Land wurden für den neuen Zweitwein mit 100 % Merlot bepflanzt. 1986 wurde dann La Petite Église aus der Taufe gehoben.

Denis Durantou ist wie Henri Jayer in Burgund ein Gegner von zuviel Tannin. Er liebt die „attaque tendre“, den weichen Angriff auf den Gaumen. Wenn es jedoch um seine Weinphilosophie geht, kann seine Zunge auch harte Attacken schlagen. Einige Médocs nimmt er namentlich aufs Korn, die mit ihrem aggressivem Tannin in der Jugend an die Geduld des Trinkers appellieren. „Warten“, fragt Durantou, „warten worauf?“

Er liebt den Weintyp Saint-Julien, weich und rund. La Petite Église mit 100 % Merlot entspricht heute fast seinen Idealvorstellungen. Die Reben stehen auf Kies- und Sandboden. Wie alle verantwortlichen Vignerons geht auch Durantou sparsam mit der Chemie um. Sobald die Traubenfarbe von Grün auf Rot wechselt, das beginnt ungefähr 60 Tage vor der Ernte, ist auch mit der chemischen Behandlung Schluß.

Die erste und zweite Gärung findet in Gärbehältern aus Stahl

Zweitwein von Château Église Clinet
Besitzer: Denis Durantou
Rebfläche: 6 ha
Rebsorte:
Merlot 100 %

statt. Danach verbleibt der Wein 15 Monate in Eichenfässern, die bis zu 25 % jährlich erneuert werden. Vom Château l'Église Clinet bekommt der Zweitwein keinen Rebensaft. Dafür muß er ungefähr zur Hälfte in gebrauchten Fässern von l'Église Clinet reifen. Die Allier-Eiche kommt vom Tonnellier Pierre Darnajou, der auch die Fässer für Pétrus und Cheval Blanc macht.

Der 1995er, der jetzt auf dem Markt ist, ist schon als trinkfertig zu betrachten. Will man noch etwas tiefer in die beerige Süße der Merlot-Traube hineintauchen, so sollte man ihm noch einige Jahre Zeit geben. Um noch mehr Spielraum für Experimente zu bekommen, ist Denis Durantou seit 1996 auch Négociant. Mit La Chenade „habe ich meinen Pique-nique-vin gefunden“. Vier verschiedene Propriétaires liefern die Trauben für diesen Wein. Für 50 Francs wie La Chenade ist La Petite Église natürlich nicht zu bekommen. 20 bis 30 Mark muß man für diesen Wein schon anlegen. Ein preiswertes Trinkvergnügen ist er allemal.

Pensées de Lafleur

Ein herrliches Kraftpaket

Das Pomerol-Weingut Château Lafleur ist neben Pétrus der Wein mit einer spektakulären Reputation. Grandiose Jahrgänge markieren seinen Weg: 1975, 1982, 1983, 1985, 1986, 1988 und 1989, alles Volltreffer. Jeder geeignet für den Wein des Jahres.

So wie man unter der Haube eines Rolls Royce immer wieder Veränderungen vornehmen muß, um seinen Status zu erhalten, so war 1985 ein Generations- und Regiewechsel nötig. Auf dem Weinberg mußten kranke und überalterte Reben neuen Reben Platz machen.

Von den Besitzern des Weingutes, den Schwestern Robin, lebt nur noch Marie, zu betagt, um sich noch um den Weinberg zu kümmern. So war nur die logische Folge, daß die Nachfolge innerhalb der Familie gesucht wurde. Jacques Guinaudeau, der Neffe, übernahm das Château in Pacht. „Mein einziger Reichtum ist der Weinberg", mit diesem Satz zeigt Jacques Guinaudeau, daß er die richtige Wahl war. Er hat verstanden, daß dieser Weinberg nur auf höchstem Niveau zu halten ist, wenn umfangreiche Arbeiten durchgeführt werden.

Guinaudeaus erste Bewährungsprobe kam schon 1987. In diesem für ganz Pomerol kritischen Jahr entschloß er sich, keinen Lafleur auf den Markt zu bringen.

Lafleur war vom Qualitätsanspruch eines großen Weines weit entfernt. Das war die Geburtsstunde des Second Vin „Pensées de Lafleur", der von nun an in jedem Jahr produziert wurde. Auch 1991 wurde die gesamte Ernte des Lafleur unter dem Etikett des Zweitweins verkauft.

Das Plateau von Pomerol ist ein spezieller Boden. Es besteht aus der außergewöhnlichen Verbindung von Kies- und Sandboden, die die Finesse und Reife bestimmt, Sand und Ton gibt dem Wein Kraft und Stärke. Der Boden ist nur 30 bis 40 Zentimeter tief. Im Gegensatz zu Saint-Émilion gehen die Rebenwurzeln nicht tiefer. Das bewirkt, daß die Jahrgänge sehr unterschiedlich ausfallen können. Bei zu trockenem Wetter leidet die Rebe, und bei zuviel Feuchtigkeit besteht die Gefahr, daß die Trauben zu groß werden.

Lafleur und Pensées de Lafleur sind für einen Pomerol, dessen Weine in der Regel zu früher Reife und Burgunder-Süße neigen, eher mit den Tugenden eines langlebigen Médoc-Weins ausgestattet. Reife Pflaumen und orientalische Gewürze bestimmen seinen Geschmack.

Die Weinbereitung ist eher wie bei einem Burgunder. Nach der ersten Gärung findet die Fermentation Malolactique in den kleinen Eichenfässern statt, die jedes Jahr zu 50 % erneuert werden. Bis zu 18 Monaten reift er darin. Die *cépage* ist zu 50 % Merlot, zu 50 % Cabernet Franc. Da sich Château Lafleur in guten Jahren auf einem astronomischen Preisniveau bewegt, ist Pensées de Lafleur ein preiswertes Kleinod für den Weinliebhaber. Sein Preis sollte zwischen 30 und 50 Mark liegen.

Zweitwein von Château Lafleur
Besitzer:
Marie Robin, Jacques Guinaudeau
Rebfläche: 4,5 ha
Rebsorten:
Merlot 50 %
Cabernet Franc 50 %

La Gravette de Certan

Verführung in rotem Samt

Vieux Château Certan – das schmucke Pomerol-Weingut – erfreut sich hochkarätiger Nachbarn mit Château Pétrus und Château Lafleur auf der einen Seite. Ein schmaler Streifen auf der anderen Seite reicht bis zur Grenze von Saint-Émilion, an der Château Cheval Blanc liegt. Alexandre Thienpont, der Regisseur und Mitinhaber von Vieux Château Certan, könnte einen kurzen Spaziergang mit einem Besuch verbinden, um den neuen Inhabern von Cheval Blanc zu ihrem Erwerb zu gratulieren.

In diesem Konzert der Großen spielt Vieux Certan eine wichtige Rolle. 1976, bei der Wein-Olympiade in Paris, war der 1961er solch eine Wuchtbrumme, daß selbst die fetten, fruchtigen Kalifornier wie magersüchtige Models aussahen. Zum Besitz des Weinguts gehört auch ein kleines Fleckchen Weinland, namens La

Vieux Château Certan – für Pomerol ein beachtliches Gebäude

Gravette de Certan, das einen hochpotenten Nachbarn hat, den Pomerol-Aufsteiger Le Pin. Auf solch gutem Terrain ist es schwer, von einem Zweitwein zu sprechen. Doch La Gravette de Certan bildet zusammen mit einem Teil der Ernte von Vieux Château Certan den seit zehn Jahren produzierten Second Vin.

Die Bodenstruktur von Kies und Ton, der im zu Pétrus liegenden Teil sehr eisenhaltig ist, geht hier eine harmonische Mischung ein, auf der besonders die Merlot-Traube ausgezeichnet gedeiht. In Saint-Émilion ist sie auf dem Vormarsch, aber Pomerol ist die eigentliche Heimat der Merlot-Traube. Im Médoc z.B. die ideale Ergänzung zur Cabernet-Traube, formt sie hier bei Gravette de Certan mit 60 % den Charakter des Weins.

Mollig, tieffarbig, manchmal etwas vordergründig süß, wird die Merlot die „Weibliche" genannt. In Pomerol kann sie auch tiefgründige und langlebige Weine hervorbringen. Aber wie ein zu leicht gekleidetes Mädchen ist sie anfällig für Kälte, das heißt für manchmal auftretende Frühlingsfröste. Wenn sie jedoch gelingt,

Zweitwein von
Vieux Château Certan

Besitzer: Familie Thienpont
Rebfläche: 13,5 ha
Rebsorten:
Merlot 60 %
Cabernet Franc 30 %
Cabernet Sauvignon 10 %

und das ist die Regel auf Vieux Certan, dann zeigt sich auch Gravette de Certan in schönstem Purpur-Kleid. Mit verführerischen Aromen, den Lockmitteln der Pomerols, sind die Weine schon früh mit Freude zu trinken. Doch Weinliebhaber sollten den etwas strengeren Teil der aus bis zu 40 % bestehenden Cabernet Franc und Sauvignon beachten, der zu etwas Geduld mahnt, bis auch dieser Teil des Weines sich mit der Merlot verbindet und harmonisch wird.

Bei der Vinifizierung geht man konsequent eigene Wege. Die erste Gärung erfolgt in großen offenen Holzbottichen (*cuves en bois*). Die Fermentation Malolactique findet für die Cabernets im Inox statt, während die zweite Gärung der Merlots teilweise im Barrique abläuft. Welcher Wein für den großen Geldbeutel und welcher für La Gravette de Certan zum halben Preis bestimmt ist, entscheiden Alexandre Thienpot und sein Önologe in Blindverkostungen.

Nach ungefähr 18 Monaten Reifezeit in einmal gebrauchten Fässern ist La Gravette de Certan bereit, mit seinen Beeren- und Kräuteraromen die Weinfreunde aus aller Welt zu verführen.

Blason de l'Évangile

Mit Charaktereigenschaften eines Saint-Émilion

Der Weingarten des Pomerol-Juwels Château L'Évangile steht auf drei verschiedenen Bodentypen: Lehm, Kies und Sand. Er hat zu 50 % den gleichen Boden wie sein Nachbar Pétrus, zu 30 % wie der in der Nähe liegende Premier Saint-Émilion Grand Cru-Château Cheval Blanc und zu 20 % wie der des anderen Pomerol-Giganten Château Lafleur. Wer so etwas selbstbewußt vor sich herträgt, muß auch beweisen, daß er zu den Begehrten gehört.

Mit manchen Jahrgängen hat L'Évangile den Beweis auch angetreten, doch zu oft nutzte es nach Meinung der Fachwelt sein enormes Potential nicht aus. Eric de Rothschild sah das ähnlich und übernahm 1990 die Mehrheit des

Das 1850 erbaute Château L'Évangile steht auf teurem Boden

Pomerol-Châteaus. Das kleine, nur Rotwein erzeugende Weingebiet Pomerol hat keine offizielle Klassifizierung, was erstaunlich ist, denn seine Spitzengüter zählen zu den beliebtesten Weinen der Welt.

Damit man unter den fünf Besten in Pomerol eine wichtige Rolle spielt, werden nach der Übernahme durch die Rothschilds nur noch die ältesten Reben für den Grand Vin genommen. Der Wein der zehn- bis 15jährigen Stöcke findet ausschließlich Zugang in den Zweitwein. Mit Blason de l'Évangile wird somit eine hauseigene Konkurrenz geschaffen: Jung gegen Alt. Das Potential eines von alten Rebstöcken stammenden Weines ist fast immer den von jungen Reben vinifizierten Weinen überlegen. Dafür ist Blason de l'Évangile trotz seiner enormen Kraft etwas unkomplizierter. Im Mischsatz halten sich der Anteil von Merlot und Cabernet Franc mit jeweils 50 % die Waage. Bepflanzt ist der 14 Hektar große Weingarten aber mit 78 % Merlot und 22 % Cabernet Sauvignon.

Bei diesem Wein spürt man die Leidenschaft des Kellermeisters,

Zweitwein von Château L'Évangile
Besitzer:
Domaines Barons de Rothschild
Rebfläche: 14,1 ha
Rebsorten:
Merlot 75 %
Cabernet Franc 25 %

für die Frucht zu arbeiten. Erste und zweite Gärung, die hier nie durch künstliche Erwärmung in Gang gebracht werden, finden in Cuves en Inox statt. Anschließend reift Blason de l'Évangile 12 bis 14 Monate in ein Jahr alten Fässern (statt: in einmal benutzten Fässern).

Mit Ausnahme von 1991 und 1992 haben alle Weine von Blason eine enorm tiefe schwarzrote Farbe. Sie schmecken sehr erdverbunden und stark fruchtbetont nach Dörrpflaumen. Blason ist kein Leichtgewicht. Fünf Jahre Reifezeit sind für sein kraftvolles Aroma erforderlich. Die längst erwartete Klassifikation des Pomerol, sollte sie denn kommen, würde die Erwartungshaltung von L'Évangile als Premier Cru sicher bestätigen. Der Glanz, der damit den Grand Vin träfe, würde auch auf Blason de l'Évangile fallen.

Le Benjamin de Beauregard

Ein Früchtchen tanzt aus der Reihe

Die neunziger Jahre werden vom Château Beauregard als Wiedergeburt betrachtet. Doch erst einmal hatten die neuen Inhaber Crédit Foncier mit dem Kauf 1991 einen schlechten Start, denn starker Frost und ein eher leidliches Winzerjahr sorgten anfänglich für Tristesse.

Man ließ sich aber nicht entmutigen. Denn das Vertrauen in das Potential dieses Weingartens, in dessen Umgebung sich ja immerhin so illustre Namen wie Le Pin, Vieux Château Certan und La Conseillante befinden, war enorm. Außerdem hat Beauregard mit seinem wundervollen Château einen Landsitz, worüber kaum ein anderes Weingut im Pomerol verfügt.

Im Unterschied zu den meisten Gutsgebäuden im Pomerol, die oft nur aus einfachen Häusern bestehen, ist Château Beauregard ein echtes Landhaus im Stil der Gironde aus dem 18. Jahrhundert. Eine exakte Kopie, in den dreißiger Jahren von einem amerikanischen Architekten für die Familie Guggenheim erbaut, steht auf der Halbinsel Long Island. Sie trägt den Namen „Mille-Fleurs" (Tausend Blüten). Starker Frost verhinderte 1991, daß es auf Château Beauregard zu vielen tausend Blüten kam.

Trotzdem wurden von den neuen Herren bei ihrem schwierigen Start noch höhere Qualitätsmaßstäbe gesetzt. So wurde beschlossen, daß die komplette Ernte 1991 als Zweitwein Le Benjamin de Beauregard abgefüllt auf den Markt käme. Benjamin kann man auch als Jüngstgeborenen übersetzen.

Dem Pomerol-Wein sagt man allgemein eine barocke Fülle und moderates Tannin nach, die sich schnell dem Trinkvergnügen hingeben. Doch es muß am Terroir

von Château Beauregard liegen, daß der Wein ein wenig aus der Reihe tanzt. Am Mischsatz kann es nicht liegen, denn der ist mit 65 % Merlot und 30 % Cabernet Franc ähnlich wie der der Nachbar-Châteaux. Die restlichen 5 % Cabernet Sauvignon sind für Pomerol etwas ungewöhnlich. Aber daran liegt es nicht, daß sich Château Beauregard in frühen Jahren eher etwas ruppig wie ein Wein aus dem Médoc verhält.

Somit kommt dem zweiten Wein Le Benjamin de Beauregard eine besondere Aufgabe zu. Mit seinen weichen Tanninen, die von den Reben des unteren sandigeren Teils des Weingartens stammen, spielt er so etwas wie den Dolmetscher für die ungeduldigen Weintrinker. Die typischen Pomerol-Trinker werden durch diesen Zweitwein an das ungewöhnliche Aroma des Château Beauregard herangeführt.

Zweitwein von Château Beauregard

Besitzer: Crédit Foncier
Rebfläche: 17 ha
Rebsorten:
Merlot 65 %
Cabernet Franc 30 %
Cabernet Sauvignon 5 %

Le Petit Cheval

Eine neue Farbe im Gestüt

Die dreißig Familienmitglieder, Inhaber des berühmten Château Cheval Blanc in Saint-Emilion, faßten 1988 den Entschluß, ihren berühmten Wein noch konzentrierter zu machen. Nur 60 % der Ernte ist für den Premier Grand Cru Classé geeignet. Sie schufen in diesem Jahr mit Le Petit Cheval erstmalig einen Zweitwein.

Bisher war die Regel, alles was nicht als Cheval Blanc produziert wurde, als Faßwein an die Négociants in Bordeaux zu verkaufen. Von diesen wurden sie bis zur Unkenntlichkeit mit anderen Weinen aus der Region verschnitten, um dann als einfacher Saint-Émilion oder Bordeaux générique als schlichter Begleiter unerkannt zum Essen getrunken zu werden. Ein trauriges Ende für den Teil eines Weines mit stolzer Herkunft, der aber nicht für würdig befunden wurde, das Etikett eines Grand Cru zu tragen.

Château Cheval Blanc mit dem spitzen Turm der kleinen Kapelle, in dem während der Weinlese Messen zelebriert werden

Diese hohe Qualität wollte man nicht einfach verschleudern. Das „große“ und das „kleine Pferd“ wurden von nun an im gleichen Stall aufgezogen. Schon im 19. Jahrhundert wurde über 50 % Cabernet Franc angepflanzt, einzigartig im Bordelais. War es Zufall, oder erkannte man die Ausnahmestellung des auf einem Plateau gelegenen Châteaus, daß sich dieser Boden speziell für die Rebsorte Cabernet Franc eignet? 40 % Merlot und ein kleinerer Anteil von Malbec und Petit Verdot komplettieren den Mischsatz, die *cépage.*

Aus welchem Pferd ein großes oder kleines wird, entscheidet sich erst im Cuve (Gärbottich) nach der Gärung. Aus 24 unterschiedlichen Parzellen besteht der Boden des Châteaus. Für jede Parzelle gibt es getrennte Cuves. Der Wein in allen Cuves erfährt die gleiche Behandlung. Erst wenn beide Gärungen, die alkoholische und die Milchsäuregärung, abgeschlossen sind, fällt die Entscheidung, welche Cuves für das erste Gewächs gut sind und welche für den Zweitwein.

Um beim etwas zarteren Le Petit Cheval einen dominanten

Zweitwein von
Château Cheval Blanc
1er Grand Cru Classé A
Besitzer:
Arnaud (50 %) und Frère (50 %)
Rebfläche: 36 ha
Rebsorten: Cabernet Franc 57 %
Merlot 40 %
Malbec 2%
Cabernet Sauvignon 1 %

Holzton zu vermeiden, verwendet man Fässer von fünf verschiedenen Tonnelleries (Küfereien). Außerdem kommt nur eine Hälfte ins neue Barrique, die andere ins einjährige Holzfaß. Da der Wein mit 10 bis 12 Monaten weniger lang in den Barriques liegt als der Premier Grand Cru Classé (18 Monate), muß er gefiltert werden.

Kakao und satte Beerentöne bestimmen geschmacklich den Petit Cheval. Harmonie und Trinkreife stellen sich schon nach nach drei bis vier Jahren ein.

Wer sich ein großes Pferd nicht leisten kann, für den steht jetzt ein kleines schon für 30 bis 40 Mark bereit. Le Petit Cheval erwies sich auf dem Markt sofort als Volltreffer. Er hatte auch etwas von dem Charme des großen Bruders mitbekommen. 1991 mußte er die Last des Weingutes auf seinen Schultern tragen, denn es wurde kein Cheval Blanc, sondern nur Petit Cheval produziert.

Wenn Sie einmal mit der „Air Inter“ fliegen sollten, und es wird Ihnen ein Petit Cheval serviert, dann denken Sie daran, daß diese innerfranzösische Fluglinie vom Vater des ehemaligen Mitinhabers und Verwalters von Chateau Cheval Blanc, Jacques Hebrard, gegründet wurde. Daß die Weine von Cheval Blanc zu den Luxuscuvées zählen, die von Hongkong bis New York bei den Weinfreunden ein begehrliches Fieber entfachen, ist nicht nur der Fachwelt bekannt. Beim Genuß eines Petit Cheval wird vermutlich auch Ihre Körpertemperatur ein wenig steigen.

Les Chênes de Macquin

Alte Wege neu belebt ergeben Prachtwein

Auf dem in Saint-Émilion an der Côte de Pavie gelegenen Weingut Pavie Macquin haben die Cuves, in denen der Wein vergoren wird, weibliche Vornamen. Sie heißen Irène, Julie, Fernande, Berthe, Hortense und Gertrude. Ob vor der Flaschenabfüllung Cuve Julie, Gertrude oder Hortense für den Premier Vin oder für den erstmals 1988 produzierten Zweitwein bestimmt werden, entscheiden aber männliche Personen. Regisseur Nicolas Thienpot, der selbst ein kleines Weingut am Rande von Saint-Émilion, der Côte de France, besitzt, der Önologe Michel Rolland mit seinem Labor in Libourne und der Kellermeister Stephan Derenoncourt leiten eines der innovativsten Weingüter des gesamten Bordelais.

Zwar ist Stephan Derenoncourt zu 80 % in Diensten von Graf Stephan von Neippergs Canon-La-Gaffelière, die restliche Zeit aber berät er – mit des Grafen Einverständnis – unter anderem Pavie Macquin. Der Autodidakt Stephan Derenoncourt kam 1983 als einfacher Erntehelfer nach Saint-Émilion. Seit 1993 kann er seine Vorstellungen verwirklichen. Alte, fast vergessene Methoden der Weinbereitung kombiniert mit intelligenten neuen Ideen führen zu einem phänomenalen Ergebnis. Die besten Cuves mit den älteren Reben werden in neue Barriques gefüllt, das sind ungefähr 60 % der Ernte. In ihnen findet auch die Fermentation Malolactique statt. Die anderen 40 % machen die Milchsäuregärung in den Cuves, bevor sie in einmal gebrauchte Fässer gefüllt werden.

Von nun an bleibt der Wein bis zur Flaschenabfüllung in den Barriques, es erfolgt keine Soutirage. Zu der schon früher bekannten „Élevage sur lie“, dem Reifen auf der Fein-Hefe, kommt aber nun das neue System „Microoxygènation“ hinzu. Das heißt, man gibt den Fässern Mikrodosen Sauerstoff, der von den Hefen verbraucht wird. Dadurch braucht man weniger Schwefel. Die Levure ist reich an Fett, das in den Wein übergeht und mehr Frucht bringt. Sie ernährt den Wein. Außerdem nimmt die Hefe den Holzgeschmack, der Wein wird subtiler. Eine enorme Fruchtfülle nach schwarzen Johannisbeeren, fast ohne Holztöne, ist das Ergebnis der Jahrgänge 1994, 1995 und 1996.

Nach ungefähr 18 Monaten Faßlagerung kommen die Weine wieder in die Cuves Irène, Hortense etc., um die Assemblage vorzunehmen. 70 % Merlot und 25 % Cabarnet Franc und Cabernet Sauvignon werden verheiratet. Erst jetzt fällt die Entscheidung, welcher Wein Pavie Macquin oder Chênes de Macquin wird. Vor dem kleinen Wirtschaftsgebäude, hier Château genannt, hat man einen freien Blick über die Weinfelder auf einige „Chênes verts“, immergrüne Eichen, die nur im südlichen Teil Frankreichs wachsen. An diesen fast von allen Seiten Saint-Émilions sichtbaren Eichen sollen im Mittelalter Verbrecher aufgehängt worden sein. Gott sei Dank ist das Vergangenheit.

Zweitwein von
Château Pavie Macquin
Grand Cru Classé
Besitzer: Familie Corre-Macquin
Rebfläche: 15 ha
Rebsorten:
Merlot 70 %
Cabernet Franc 25 %
Cabernet Sauvignon 5 %

La Grange Neuve de Figeac

Elegant und jung ein Trinkerlebnis

In Saint-Émilion und Pomerol, wo sich hübsche kleine Weingüter befinden, sich aber auch jedes kleine Bauwerk oder bescheidene Anwesen Château nennen darf, steht auf dem Weingut Figeac neben einem hübschen Château eines dieser besagten einfachen Gebäude, genannt Château La Grange Neuve. Seit ungefähr 1945 ist es Namensgeber für den zweiten Wein vom Grand Cru Classé Figeac aus Saint-Émilion.

1983 änderte man jedoch den Namen in La Grange Neuve de Figeac, um auf die richtige Geburt hinzuweisen. Denn der Name Figeac steht für ein geschichtsträchtiges Haus, das um 1830 mit einem Besitz von 250 Hektar der Platzhirsch in Saint-

Blick auf Château Figeac

Émilion war. Nicht unerwähnt sollte bleiben, daß der heutige berühmte Nachbar Château Cheval Blanc, Premier Grand Cru Classé A, noch nicht existierte, sondern erst später durch den Verkauf von einzelnen Parzellen aus dem Weingut Figeac entstanden ist. Danach wurde dieser Wein noch 20 bis 30 Jahre als Vin de Figeac verkauft. Dieses bemerkt Thierry Manoncourt süffisant. Der Stachel sitzt noch immer tief, daß der Nachbar heute höher klassifiziert ist als sein Château Figeac, wird von ihm aber mit Humor kommentiert.

Monsieur Manoncourt leitet seit 1945 dieses Gut. Die elterliche Familie lebte in Paris, als sein Vater ihn bat, für ein Jahr auf dem Château nach dem Rechten zu sehen. Aus dem einen Jahr wurden einige mehr. 1995 feierte er seine 50. Vendange.

Figeac hat mit seinem berühmten Nachbarn den besten Boden von Saint-Émilion. Von den 60 Hektar Kieselboden für das ganze Saint-Émilion besitzt Figeac allein 30 Hektar, auf denen hauptsächlich Cabernet Sauvignon und etwas Cabernet Franc stehen. Die restlichen 10 % sind

Zweitwein von Château Figeac
1er Grand Cru Classé B
Besitzer: Thierry Manoncourt
Rebfläche: 40 ha
Rebsorten:
Cabernet Sauvignon 50 %
Cabernet Franc 30 %
Merlot 10 %

vor allem mit Merlot bepflanzt. Das Weinland ist ungewöhnlich hügelig, ähnlich wie bei Lafite in Pauillac. Darum tendiert Figeac mit seinem hohen Anteil an Cabernet Sauvignon zu einer eleganten feinen Art. Das betrifft auch La Grange Neuve.

Da man auf Figeac durch eine strenge Auswahl große Anstrengungen macht, höher klassifiziert zu werden, profitiert natürlich auch La Grange Neuve de Figeac davon. In großen Jahren wie 1989, 1990, 1993, 1995 und 1996 ist er kaum schwächer als sein Hausherr.

Seit Jahrzehnten liegen auf dem Château Tradition und Moderne dicht beieinander. Manoncourt war der erste auf der Rive Droite, der Inox-Stahl-Cuves installieren ließ. Gepreßt wird der Wein jedoch immer noch mit Pressen vom Anfang des 20. Jahrhunderts. Das ergibt sehr guten Preßwein, der auch für La Grange Neuve verwendet wird. Die neben den Pressen sichtbare Computersteuerung repräsentiert das Ende des 20. Jahrhunderts. Vergoren wird La Grange Neuve teilweise in Holz- und Stahl-Cuves, wobei die Fermentation Malolactique (Milchsäuregärung) in einmal gebrauchten Barriques von Figeac stattfindet.

„Ich verkaufe keinen Rohling", sagt Thierry Manoncourt, „darum kommt La Grange Neuve erst nach einer gewissen Reifezeit von drei bis vier Jahren in den Handel." So kann der Zweitwein mit seiner samtigen feinen Art auch sofort nach dem Erwerb getrunken werden.

Clos La Gaffelière

Trüffeln im feinen Saint-Émilion

An der südlichen Seite von Saint-Émilion, dort wo sich die Stadt in die Höhe schraubt, an der sogenannten Côte, liegt der stattliche 23 Hektar-Weingarten von Château La Gaffelière. Fast 2000 Jahre Weinbau wurden durch Ausgrabungen von 1969 dokumentiert, als man Teile eines Landhauses aus dem 4. Jahrhundert freilegte, auf dessen Boden farbige Mosaiken mit Weinsymbolen zu sehen sind.

Das Château von La Gaffelière stammt aus dem 11. Jahrhundert, mit einigen Teilen aus dem 17. und 18. Jahrhundert. Die Familie des heutigen Inhabers Comte de Malet Roquefort ist seit vier Generationen in Saint-Émilion ansässig. Wer also soll es besser wissen als der Graf, der vermutlich schon La Gaffelière in homöopathischen Dosen über die Muttermilch zu sich genommen hat, wie ein großer Saint-Émilion schmekken muß!

Darum gibt es schon seit 20 Jahren eine Qualitätstrennung von Premier und Second Vin. Zu Anfang trug der Second Vin den Namen Château de Roquefort, nach dem Wohnsitz der Familie. Durch die weltweit gestiegene Nachfrage nach großen bekannten Bordeaux-Weinen änderte man den Namen in Clos La Gaffelière, um auf die Herkunft vom Premier Cru Classé B Château La Gaffelière hinzudeuten.

Auf kleinstem Raum ist hier eine seltene Vielfalt an verschiedenen Böden zu finden. 65 % Merlot, der Rest zu 5 % Cabernet Sauvignon und 30 % Cabernet Franc, stehen auf Kalk-, Lehm- und Glimmer-Böden. Das beste Mittel, um die Erträge niedrig zu halten, weiß auch der Maître de Chai Erich Degliame, ist ein hohes Rebenalter. Die über 50jährigen Rebstöcke mit der Weisheit des Alters sind in erster Linie für den Grand Vin bestimmt. Der Second Vin besteht hauptsächlich aus 15jährigen Reben.

Auch der Mischsatz des Zweitweins ist grundsätzlich ein anderer, mit 50 % Cabernet Sauvignon, ergänzt mit gleichen Teilen Merlot und Cabernet Franc. Der Erstwein hat nur 5 % Cabernet Sauvignon, dafür einen höheren Merlot-Anteil.

Da man die Reife der Trauben jeder Parzelle genauestens kennt, wird sehr früh, schon nach der ersten Gärung im Inox, entschieden, welcher Wein Clos La Gaffelière wird. Nach der *fermentation malolactique* – auch im Inox – reift der Wein 18 bis 20 Monate in einmal gebrauchten Barriques des Grand Vin.

Die Mischung des hohen Anteils Cabernet Sauvignon mit Merlot und Cabernet Franc ergibt einen äußerst reizvollen, nach schwarzen Johannisbeeren schmeckenden Wein. 1990 war die Qualität des Jahrgangs so ausgezeichnet, daß Comte de Malet mit dem Gedanken spielte, keinen Second Vin zu produzieren. Doch ein befreundeter Händler, der spezielle Kunden mit Zweitweinen bedient, redete es ihm aus. Schweren Herzens füllte der Graf einen Teil seines Spitzen-Jahrgangs als Clos La Gaffelière ab – heute als Second Vin schon eine Rarität.

Zweitwein von
Château La Gaffelière
1er Grand Cru Classé B
Besitzer: Léo de Malet Roquefort
Rebfläche: 23 ha
Rebsorten:
Merlot 65 %
Cabernet Sauvignon 5 %
Cabernet Franc 30 %

Le Carillon De l'Angélus

Glockenläuten für die Qualität

Drei Glocken zieren das Etikett von Le Carillon De l'Angélus, dem Second Vin des Saint-Émilion-Stars Château Angélus. Sie symbolisieren das Läuten der Kirchenglocken von Mazerot, von Saint-Émilion und von Saint Martin de Mazerat, das auf dem Château Angélus zu hören ist. In den Ohren der Inhaber Christian, Jacques und Hubert de Boüard de Laforest muß das Läuten der drei Kirchen nach der Entscheidung des Komitees im Jahr 1996 einen besonders schönen Klang erzeugt haben, wurde doch ihr Weingut für würdig befunden, den begehrten Titel der zweithöchsten Güteklasse Premier Grand Cru Classé B nach Château Ausone und Cheval Blanc zu tragen. Für das relativ junge Château Angélus schon eine kleine Sensation.

Welch eine Karriere für den am Südhang von Saint-Émilion gelegenen Weingarten, der im 19. Jahrhundert nicht größer als

Der Innenhof von Château Angélus – auch Rast- und Ruheplatz für die Pilger auf dem Weg nach Santiago de Compostella

drei Hektar unter dem Namen Château Mazerat geführt wurde! Nach geschicktem Zukauf umliegender Parzellen entstand 1970 das heutige 23 Hektar große Château Angélus.

Die verantwortlichen Juroren fanden aber auch ein Haar in der Suppe. Drei Hektar des Weingartens befanden sie des Premier-Cru-Status nicht würdig, mit der Begründung, der Boden enthielte zuviel Sand und wiche vom üblichen Terrain zu stark ab. „Unter der etwas dickeren Sandschicht befindet sich der gleiche komplexe Kalk- und Lehm-Boden", kommentiert Jean-Bernard Grenié, der auch zur Familie gehört, diese Entscheidung. Nur die Rebe müsse ein wenig mehr arbeiten, um an die Mineralstoffe zu gelangen.

So bekam der 1987 erstmals produzierte Second Vin für den Jahrgang 1996 drei Hektar eigenes Terrain hinzu. Da es sich jetzt um einen eigenständigen Wein handelt, mußte nach den strengen Regeln der Cru-Classé-Juroren ein neuer Chai gebaut werden, in dem der Carillon De l'Angélus ausgebaut und abgefüllt wird.

Zweitwein von Château Angélus
1er Grand Cru Classé B
Besitzer:
Familie de Boüard de Laforest
Rebfläche: 26 ha
Rebsorten:
Merlot 50 %
Cabernet Franc 45 %
Cabernet Sauvignon 5 %

Beratender Önologe ist wie auch auf vielen anderen Châteaux Michel Rolland aus Libourne, der sich vor allem bei dem Studium der Merlot-Rebe einen guten Ruf erworben hat. Mit 50 % dominiert sie auch beim Carillon De l'Angélus. 45 % Cabernet Franc sorgen für den würzigen Kräutergeschmack des Weines. Die im Médoc dominante Rebe Cabernet Sauvignon spielt nur beim Grand Vin mit 5 % eine kleine Nebenrolle.

Gab es in den siebziger Jahren noch nicht einmal Holzfässer für den Grand Cru Classé, so hat heute selbst Le Carillon De l'Angélus das Privileg, in einmal gebrauchten Fässern des Premier Grand Cru Classé bis zu 18 Monate zu reifen. Während die erste und zweite Gärung des Cabernet Franc in Inox-Behältern stattfindet, wird der Saft der Merlot-Traube nach der ersten Gärung ins Barrique gepumpt, um dort in Verbindung mit dem Eichenholz die zweite Gärung zu vollenden.

Man ist immer wieder überrascht, welches vielschichtige Geschmacksspektrum Le Carillon De l'Angélus bietet. Man glaubt, ein Gemisch aus Kräutern, Süßholz und Dörrpflaumen zu entdecken. Der neuernannte „Premier Cru" hat sich preislich in die obere Etage verabschiedet. Man wäre nicht verwundert, diesen Saint-Émilion der Extra-Klasse in den Regalen der Luxuskette Hermès zu finden.

Es bleibt der Trost mit dem zwar auch raren, aber preislich doch etwas tiefer liegenden Carillon De l'Angélus. Eine gute Nachricht ist auch, daß der Wein schon recht früh, nach ca. drei bis fünf Jahren Reifezeit, ohne Reue getrunken werden kann – getreu nach dem Motto von Jean-Bernard Grenié, lieber zwei Flaschen zu früh getrunken als zehn Flaschen zu spät.

Clos Canon

Neue Création von Chanel

Château Canon oder zumindest ein 13 Hektar großer Teil des über 18 Hektar großen Weingutes durfte sich Clos Canon nennen, was soviel bedeutet wie durch eine Mauer eingeschlossener Weinberg. Der Name Clos Canon steht hier jedoch für den zweiten Wein des Weingutes. Das Modehaus Chanel hat in Saint-Émilion, einem der schönsten Weinorte der Welt, sein zweites berühmtes Weingut übernommen. Das hoch oben auf einem Plateau liegende Château Canon ist ein Juwel.

Die Familie Wertheimer, Inhaber von Chanel, kaufte das Gut 1996 von der Familie Fournier. Es sah nach einem Notverkauf aus. Was war geschehen? Journalisten, die es eigentlich besser wissen müßten, hatten vier aufeinanderfolgende Jahrgänge verteufelt, ohne den wirklichen Grund für die schlechte Qualität der Jahrgänge 1991 bis 1995 zu benennen. Ein Weingut, das von

Blick auf Château Canon, wahrlich ein architektonisches Kleinod

1982 bis 1990 herrliche Weine produzierte, das mit dem Premier Grand Cru Classé A Cheval Blanc zu konkurrieren vermochte und dieses Château 1982 sogar auf den zweiten Platz verwies, konnte doch nicht von einem Tag auf den anderen das Weinmachen verlernt haben.

In der tragischen Zeit hatten sich Viren in den Holzdecken des Chais breitgemacht und auch den Wein infiziert. Fünf Ernten quasi in den Sand zu setzen, das konnten die Inhaber nicht verkraften. Dazu kam noch die Häme der schreibenden Zunft.

Zum Glück kam mit dem neuen Inhaber die erfahrene Mannschaft von John Kolassa, der schon erfolgreich auf Château Latour gearbeitet hat und jetzt auch für das Château Rauzan-Ségla, das andere Weingut der Familie Wertheimer, verantwortlich ist.

Nachdem der Keller von dem Virus befreit war, konnte man sich wieder dem Wein widmen. John Kolassa erinnerte sich an einen begabten Kellermeister, Jean François Lalle, der seinen Weg schon einmal kreuzte. Der neue Maître de Chai konnte noch rechtzeitig den 1997er formen.

Zweitwein von Château Canon
1er Grand Cru Classé B
Besitzer: Chanel
Rebfläche: 18 ha
Rebsorten:
Merlot 55 %
Cabernet Franc 45 %

Um wieder in die positiven Schlagzeilen zu kommen, wurden nur jeweils 40 % Château Canon und Clos Canon abgefüllt. Der Rest bekam einen einfachen Namen und wurde den Négociants überlassen. Daß erst einmal Clos Canon das Wappen des Châteaus vertritt, dessen ist man sich bewußt. Denn bis der Erstwein der Jahrgänge 1997 und 1998 für Schlagzeilen sorgen wird, werden mindestens noch fünf Jahre vergehen. Also muß Clos Canon etwas früher trinkbar sein, aber trotzdem genügend Kraft haben, um aus der Masse herauszuragen. Darum reift der Zweitwein in Fässern, die für die Jahre 1997 und 1998 zu 20 % erneuert wurden.

Trinkreife ist bei den jungen Jahrgängen von Clos Canon natürlich noch nicht möglich. Aber der kräftige Geschmack von Dörrpflaumen und Schokolade, unterlegt mit Früchtekuchen, wird bald zu einer cremigen Einheit verschmelzen. Das ist sicher.

Château Saint-Brice

Ein neuer Wein von Moueix gibt sich die Ehre

Das Unternehmen „Ètablissements Jean-Pierre Moueix“, so nennt sich die Gesellschaft der Moueix-Familie, ist nicht nur einer der großen Weinhändler des Bordelais, sondern auch Inhaber weltberühmter Weingüter in Saint-Émilion und Pomerol wie Château Pétrus und Château Trotanoy. Zum Weinimperium gehört auch das in schönster Lage auf dem Plateau von Saint-Émilion liegende Château Magdelaine.

Jean-Pierre Moueix ist schon im Lauf seines Lebens zur Legende geworden. 1978 zog er sich aus dem operativen Geschäft zurück und überließ die Verantwortung seinen beiden Söhnen. Bisher hieß es, daß es keine offiziellen Zweitweine von ihren jeweiligen Châteaux gibt. Man stelle sich vor, es gäbe einen zweiten

Von vornehmer Stille umgeben – das Château Magdelaine

Wein von Château Pétrus, zu einem mäßigen Preis. Die Meldung würde den Globus zum Glühen bringen.

Doch noch nutzt das Haus Moueix die anderen Möglichkeiten, die sich dem großen Négociant bieten. Um so erfreulicher ist es, daß man bei dem brillanten Château Magdelaine eine Ausnahme macht und den Zweitwein des Saint-Émilion Premier Cru unter dem Namen Château Saint-Brice auf den Markt bringt. Die Verantwortlichen sind selbstbewußt genug, diesem Wein die Zeichnung Saint-Émilion Grand Cru zu geben. Im Jahr 1991, das für ganz Saint-Émilion katastrophal war, mußte die komplette Ernte deklassiert und unter dem Namen Château Saint-Brice abgefüllt werden. Den Namen hatte das Team von einer Parzelle des Weingutes übernommen.

Die Exposition von Magdelaine ist einzigartig, man hat einen wunderschönen Blick auf das Tal der Dordogne. Die Weinkeller sind auch hier tief in den Kalkstein getrieben. 80% Merlot und 20% Cabernet Franc wachsen auf einem V-förmig angelegten Terrain. Fünf Hektar liegen auf blan-

Zweitwein von
Château Magdelaine

Premier Grand Cru Classé B
Besitzer: Jean Pierre Moueix
Rebfläche: 11 ha
Rebsorten:
Merlot 80 %
Cabernet Franc 20 %

kem Kalk, sechs Hektar auf einem tonhaltigen Hügel, dessen Unterboden auch aus Kalkstein besteht. Vergoren wird der Wein auf Magdelaine in Beton-Cuves, in denen auch die *fermentation malolactique* vollendet wird. Nach der Assemblage wird entschieden, welcher Wein Château Saint-Brice wird.

Der hohe Merlot-Anteil garantiert geschmeidige Weine mit wenig Säure und moderatem Tannin, aber mit viel Frucht: schwarze Kirschen und Vanille, mit Kräutern unterlegt.

Château Saint-Brice ist einer der wenigen Zweitweine, die in neuen Eichenfässern reifen. Alles, was der Wein braucht, wird ihm gegeben. Château Saint-Brice ist der erste Dominostein im Moueix-Imperium. Hoffentlich nicht der letzte.

Mondot

Ein charmantes Lächeln von den Hügeln

Château de l'Eau, so wird ein Beton-Wasserturm aus den fünfziger Jahren genannt, zieht zunächst die Blicke auf sich, bevor man das romantisch gelegene Château Troplong Mondot entdeckt. Der Turm will sich einfach nicht kleiner machen, geschweige denn dezent in den Hintergrund treten. Von Christo eingepackt, das wäre die Lösung. Als ob der Turm einen Einfluß auf die Qualität der Weine hatte – natürlich ein absurder Gedanke – präsentierten sich diese eine Zeitlang teilweise mittelmäßig.

Die achtziger Jahre markieren den Wendepunkt in der Qualität dieses Grand Cru Classé Saint-Émilion. Ausschlaggebend war die Qualität im Jahr 1982. Von allen Zinnen der Châteaux im Bordelais wurde ein neuer Jahrhundert-Jahrgang ausgerufen. Auf Troplong-Mondot erntete man nur einen bescheidenen, angenehm trinkbaren Wein. „Zu wenig für das Potential", sagte sich auch Christine Valette, die 1985 ihre Tätigkeit als Wirtschaftsjournalistin in Paris aufgab und sich an die Spitze ihres Erbes setzte.

Mit tatkräftiger Hilfe von Michel Rolland wurde schon der 1985er ein Erfolg, der sich dann auch über die Jahre fortsetzte, und selbst 1991, in einem eigentlich katastrophalen Weinjahr für Pomerol und Saint-Émilion, wurde ein guter Grand Cru Classé erzeugt.

Das war nur möglich, weil man die Menge des Erstweins stark zurückfuhr und seit 1985 erstmals einen Zweitwein mit dem Namen Mondot produzierte. Nicht zu verwechseln mit Graf Neippergs neuem Saint-Émilion-Stern La Mondotte.

Mondot, so hieß das Château schon im 18. Jahrhundert. Es war im Besitz von Raymond de Seze, dem die undankbare Aufgabe zuteil wurde, während der Französischen Revolution Ludwig XVI. zu verteidigen. Später fügte ein Monsieur Troplong, Präsident des Kaiserlichen Senats, seinen Namen an Mondot.

Auf dem höchsten Punkt von Saint-Émilion, dort wo die Landschaft am hügeligsten ist, liegt Troplong-Mondot mit seinen 80 % Merlot, 10 % Cabernet Franc und 10 % Cabernet Sauvignon. Waren die Cuves für die alkoholische Gärung in den 80er Jahren noch aus Beton, so hat man seit 1990 auf Inox umgerüstet. Die *fermentation malolactique* wird, dem Credo Michel Rollands folgend, in Barriques vollzogen, für Mondot in einmal benutzten Fässern vom Grand Vin. Dort reifen sie je nach Jahrgang 12 bis 15 Monate.

In der Farbe haben die Weine der neunziger Jahre gegen früher enorm zugelegt. Auch Mondot hat Muskeln bekommen. Das Aroma von Süßholz und Kräutern ist mundfüllend beim 1995er und 1996er. Christine Valette sagt, daß sie jetzt den 1989er und 1990er Mondot mit Freude am Abend trinkt, und sie lächelt dabei zauberhaft. In jeder Flasche Mondot verbirgt sich etwas von diesem Lächeln.

Zweitwein von
Château Troplong Mondot
Grand Cru Classé
Besitzer: Christine Valette
Rebfläche: 30 ha
Rebsorten:
Merlot 80 %
Cabernet Franc 10 %
Cabernet Sauvignon 10 %

Virginie de Valandraud

Die Schöpfung eines Weinjuwels

Jean-Luc Thunerin erinnert sich an seinen Anfang als Winzer mit lustigen Anekdoten. 1991, das Strafgericht des Himmels hatte auch ihn, den späteren Winzer einer Luxus-Cuvée, hart getroffen: Frost und übermäßig viel Regen machten den Pomerol- und Saint-Émilion-Winzern das Leben schwer. 100 % neue Barriques warteten im Valandraud-Keller auf eine glanzvolle Ernte, so war es gedacht. Der ehemalige Weinhändler Jean-Luc Thuneville und seine Frau Murielle Andraud wollten sich ihren Traum eines eigenen Weingutes erfüllen. In besten Lagen von Saint-Émilion wurden einige kleine Parzellen erworben, zusammen etwas mehr als ein Hektar. So starteten sie das Abenteuer Château de Valandraud, wie das Unternehmen in der Altstadt Saint-Émilion genannt wurde.

Wie gesagt, die neuen Barriques warteten 1991 auf den edlen Saft, der da kommen sollte. Aber aus den Holzcuves, ebenfalls neu, plätscherte nur ein besserer Rosé, der später an die Freunde verteilt wurde. Ein Luxus-Rosé, ausgebaut in neuen Barriques. Es war eher zum Heulen als zum Lachen. Lustig wurde es erst, als im darauffolgenden Jahr von den Freunden der Rosé wieder eingefordert wurde. Da war Jean-Luc aber schon ein Jahr weiser. Mit tatkräftiger Unterstützung seiner Frau Murielle, die nach der Arbeit als Krankenschwester ihrem Mann half, das Wunder Valandraud zu verwirklichen.

50 % Merlot und 50 % Cabernet Franc sind das Credo sowohl für Valandraud als auch für Virginie de Valandraud, das zweite Etikett. „Es ist zwar der Zweitwein“, sagt Jean-Luc kauzig, „aber auch wieder nicht.“ Er wird auf die gleiche Weise vinifiziert, die alkoholische Gärung vollzieht sich in Holzcuves, die Malolactique in 100 % neuen Barriques. Man läßt sich Zeit mit der Wahl, welcher Wein Valandraud und welcher Virginie de Valandraud wird. Das

entscheiden nur drei Personen: Jean-Luc, seine Frau und Michel Rolland, der beratende Önologe.

Bei meinen Proben der jüngsten Jahrgänge 1996, 1997 und 1998 konnte ich keinen Unterschied feststellen, noch nicht. Vielleicht bringt die Reifezeit die Verschiedenartigkeit ans Licht. Ich könnte mir aber auch vorstellen, daß es keine gibt und es sich auch beim Zweitwein um einen Valandraud zu einem verhältnismäßig günstigen Preis handelt. Jean-Luc ist dieses Eulenspiegel-Stück zuzutrauen. Wieviel Anteil er am PR-Rummel um die Weine von Valandraud hat, ist auch nicht auszumachen. Tatsache ist, daß die Weine ab 1993 wie Raritäten gehandelt werden. Er wurde schnell der teuerste Saint-Émilion und nähert sich in seiner Exklusivität den Pomerol-Raritäten Pétrus, Le Pin und Lafleur.

Der große Erfolg bekam flinke Beine. 1995 kam Thunerins Rebfläche auf zweieinhalb Hektar, seit 1998 umfaßt sie schon 8 Hektar. Jetzt läßt sich schon eher von einem Weingut sprechen. Denn alle diese verstreut liegenden Parzellen sprechen eine einheitliche, gewaltige Sprache.

Zweitwein von
Château de Valandraud
Grand Cru
Besitzer: Jean-Luc Thunerin,
Murielle Andraud
Rebfläche: 8 ha
Rebsorten:
Merlot 50 %
Cabernet Franc 50 %

Chapelle d'Ausone

Mineralisch-erdig, ein roter Edelstein

Alain Vauthier hat ein Vorbild für seinen 1995 erstmals produzierten Zweitwein: Ein Wein von der Klasse des Les Forts de Latour, der zweiten Farbe des Premier Cru Classé aus Pauillac, sollte es schon sein. Alles andere wäre ihm nicht gut genug. Eine selbstbewußte Äußerung des neuen alleinigen Inhabers von Château Ausone, denn Les Forts de Latour ist einer der besten und beständigsten Zweitweine des Bordelais.

Alain Vauthier kann jetzt, da ihm die Familienfesseln abgenommen wurden, fliegen. Ihm sind über Nacht Flügel gewachsen. Endlich ist es ihm möglich, seine Ideen zu verwirklichen, dem Wein von Ausone die Ausnahmestellung zu geben, die der Grand Cru Classé A seiner Meinung nach verdient. Château Ausone wurde immer an Cheval Blanc gemessen, konnte aber nie die Erwartungen erfüllen. Daß Ausone ein völlig anderer Wein ist, hat man nicht akzeptiert. Zu viele Differenzen unter den Verantwortlichen verhinderten, das wirkliche Potential von Ausone herauszustellen. Einmal kam es zum Eklat, als Alain Vauthier völlig anderer Meinung über das Erntedatum war als der Kellermeister und ein anderer Teil der Familie Challon.

Jetzt ist Alain Vauthier Herr über einen fast 2000 Jahre alten Weingarten und ein Château mit dem Königsblick auf die mittelalterliche Stadt Saint-Émilion und auf das weite Tal der Dordogne.

„Den Weinstöcken geht es wie den Menschen", sagt Vauthier, „wenn sie alt sind, können sie nicht mehr viel tragen." Sie leisten gute Arbeit, aber die Menge, die sie produzieren, ist gering. Und Ausone hat viele alte Weinstöcke. Geholfen wird dem Weingarten mit Algenpräparaten und Spurenelementen wie Bor und Jod. Außerdem geht man langsam auf biodynamischen Anbau über.

Der normale Ertrag eines Spitzenweingutes in Saint-Émilion

liegt bei 45 Hektoliter pro Hektar, auf Ausone sind es maximal 25. So ist Chapelle d'Ausone, benannt nach einer kleinen Kapelle, die auf dem Gut steht, um so höher zu bewerten.

Seit 1995 ist Michel Rolland beratend für Ausone tätig. So wird die Fermentation Malolactique für Chapelle d'Ausone in Barriques vollzogen, die zum Teil jedes Jahr erneuert werden. 1999 war der 1995er Chapelle noch nicht etikettiert, man hatte sich gerade erst für den Namen entschieden. Also ist er bisher auch noch nicht verkauft worden.

Es warten große Jahrgänge auf den Weinfreund: Die neuen Weine auf Ausone haben ein kraftvolles Beerenaroma und klar umrissene Strukturen. Im Herbst 1999, bei der Probe des Jahrgangs 1998, sagte ein anwesender Besitzer eines anderen Guts anerkennend: „Solch einen Wein besitze ich nicht. Von dieser Qualität profitiert sicher auch Chapelle d'Ausone."

Zum Zeitpunkt der Fertigstellung dieses Buches war der Wein noch nicht etikettiert. Man hatte sich gerade erst für einen Namen entschieden. Der Wein ist daher noch nicht in den Verkauf gelangt.

Zweitwein von Château Ausone
1er Grand Cru Classé A
Besitzer: Vauthier
Rebfläche: 7,3 ha
Rebsorten:
Merlot 60 %
Cabernet Franc 40 %

Saint-Paul de Dominique

Tief dunkel, von Merlot dominiert

Wenn ein sehr vermögender Mann gute Weine liebt, speziell guten Bordeaux, warum kauft er sich nicht ein eigenes Weingut? So dachte sich Clément Fayat. Warum nicht ein Château in Saint-Émilion? Also erwarb er Château La Dominique. Das war 1969.

Clément Fayat stammt aus der Region Corese, aus der einige Négociants und Vignerons ins Bordelaiser Gebiet gezogen sind. In Libourne gibt es seit 50 Jahren eine Association de Coresiens mit etwa 100 Mitgliedern, unter ihnen die Familie Moueix von Château Pétrus. Von ihr kam der Ratschlag, La Dominique zu kaufen.

Emmanuell Villega, von 1992 bis 1994 Maître de Chai, ist heute Direktor des 22 Hektar großen Weingutes. Er ist in der beneidenswerten Lage, alles Notwendige tun zu dürfen, was für den Wein gut ist. Wichtig ist, die

Blick durch den Park auf Château La Dominique

Qualität anzuheben; finanziell sind auch keine Grenzen gesetzt. Das ist gut, denn der Nachbar ist kein Geringerer als Château Cheval Blanc.

Mit 80 % Merlot und 20 % Cabernet Franc ist die Bepflanzung und auch der Verschnitt Merlot-dominiert, anders als bei Cheval Blanc, bei dem die Cabernet Franc-Traube die wichtigste Rolle spielt. Auf dem Terroir von La Dominique liegt eine nur mit Merlot bepflanzte Parzelle mit dem Namen Saint-Paul. Sie war immer die Basis für den zweiten Wein, Saint-Paul de Dominique.

Der Boden ist hier wie ein Trichter, bestehend aus einem Meter Sand und darunter Ton. In trockenen Jahren wurden hier hervorragende Weine geerntet. In den regnerischen Perioden konnte das Wasser jedoch nicht abfließen, und so war die Qualität eher dürftig. Es wurden jetzt allerdings überall Drainagen eingebaut, so daß auch der Wein von Saint-Paul in den von La Dominique kommt. Das betrifft aber erst den Jahrgang 1998. Vorher, 1992 bis 1997, kam der Zweitwein hauptsächlich von der Parzelle Saint-Paul.

Zweitwein von
Château La Dominique
Grand Cru Classé
Besitzer: Clément Fayat
Rebfläche: 22 ha
Rebsorten:
Merlot 80 %
Cabernet Franc 20 %

Die über drei Jahrzehnte schon währende gute Freundschaft von Clément Fayat mit dem berühmten Libourner Önologen Michel Rolland ist bei der Vinifizierung bestimmt nicht von Nachteil. Für die Weine von Saint-Émilion und Pomerol ist Rolland die Nummer eins unter den Önologen. Man versucht, den Wein von jeweils einer Parzelle in einem Cuve unterzubringen. Ist er sehr gut gelungen, wird er in neuen Barriques ausgebaut. Das gilt auch für den Zweitwein. Der allergrößte Teil reift aber in einmalig von La Dominique gebrauchten Fässern. Nach 13 bis 16 Monaten Reifezeit wird er auf die Flasche gefüllt.

Bei der Verkostung beeindrukken die beiden Jahrgänge 1995 und 1996, so unterschiedlich sie auch sind: ein rassiger eleganter 1995er und ein 1996er mit exotischem Geschmack nach Himbeeren und Brombeeren. Emmanuell Villega, der gern von sich sagt: “Je suis St-Émilionais”, ist mit den 100 % Merlot im Saint-Paul de Dominique zufrieden. Sicher auch mit ihm sein Lehrmeister François Mitjavile vom berühmten Tertre-Rôtebœuf.

L'esquisse de La Tour Figeac

Maximales Terroir für enorme Dichte

Der amerikanische Weinkritiker Robert M. Parker schreibt in seinem Buch über die Bordeaux-Weine, das Château La Tour Figeac sei leicht an seinem schon von weitem zu sehenden Turm zu erkennen, der mitten im Weinberg stehe. In einem anderen Weinbuch älteren Datums ist ebenfalls von einem Turm die Rede, der seit dem 18. Jahrhundert dort stehen soll. Tatsache ist: Es existiert kein Turm, vermutlich nicht einmal bei der Namensgründung des Châteaus im Jahr 1879.

Das Weingut liegt zwischen Cheval Blanc und Figeac an der Grenze zu Pomerol. Wir finden hier die gleiche Komplexität und Vielfalt der verschiedenen Böden, ein überwiegend kieshaltiger Teil auf der einen Seite und zu Pomerol hin ein lehm- und tonhaltiger Boden, dessen obere Schicht sanddominiert ist. Die vierzehneinhalb Hektar Rebfläche sind zu 60 % mit Merlot und zu 40 % mit Cabernet Franc bepflanzt.

Otto Maximilian Rettenmaier hat mit seinem Önologen Stéphane Derenoncourt, auch verantwortlich für Canon la Gaffelière, eine eigene Philosophie: „Für alle Arbeiten ist das Timing entscheidend. Das gilt für die bewußte Pflege und Gestaltung der Blattwand im Weinberg sowie das Freilegen der Trauben zur gezielten Belüftung. Dadurch erhält man gesünderes Traubengut, und die zusätzliche Morgensonne verhilft zu einer optimalen Reife der Beeren. Die Trauben werden regelmäßig auf die Entwicklung der Tannine und auf ihre Aromen hin verkostet."

Um zusätzliche Fruchtaromen zu bekommen, läßt Rettenmaier den jungen Wein nach der alkoholischen Gärung noch zusätzlich zwei bis drei Wochen auf den Schalen in den Tanks. So bewirkt man durch die Verkettung der Tannine eine noch dichtere Struktur und Farbe. Während des 15monatigen Ausbaus des l'esquisse de La Tour Figeac in einmal vom Grand Vin benutzten Fässern wird der Wein, anders als üblich, auf dem sich bildenden Bodensatz belassen. Er bekommt zusätzlich Nahrung durch die verbliebenen Hefen und Bakterien. „Diese bereichern ihn durch die Produkte ihrer Selbstzersetzung", kommentiert Rettenmaier, „und verhelfen ihm so zu noch mehr Komplexität und Geschmeidigkeit."

Dafür wird viel Sauerstoff verbraucht, der immer neu zugeführt werden muß. Das aufwendigere, mehrmalige Abstechen wird somit vermieden. Seit Otto Maximilian Rettenmaier mit dem neuen Team arbeitet, der jungen Kellermeisterin Christine Morin und dem Önologen Stéphane Derenoncourt, haben die Weine gewaltig gewonnen. Erst- und Zweitwein beweisen 1995 und 1996 mit ihrem hohen Fruchtpotential von schwarzen Beeren und ihrem auch lehmig-erdigen Anteil Trüffelaromen die neue Klasse. In der heutigen Medienwelt, in der die Weinberichte immer größere Bedeutung erlangen, muß nicht nur der Grand Vin, sondern auch l'esquisson de La Tour Figeac bestehen.

Zweitwein von
Château La Tour Figeac
Grand Cru Classé
Besitzer: Otto Rettenmaier
Rebfläche: 14,5 ha
Rebsorten:
Merlot 60 %
Cabernet Franc 40 %

Clos Labère

Betörende Grüße von der Sonnenbank des Bordelais

Die Hügel von Sauternes haben die Güte, sich den Sonnenstrahlen auszusetzen", heißt es in einem alten Text aus dem 19. Jahrhundert über das Weingebiet, das für seine Dessertweine weltberühmt ist. Sie müssen jedes Jahr sehr viele dieser Sonnenstrahlen trinken, damit aus Sémillon, Sauvignon blanc und etwas Muscadelle goldfarbener Sauternes wird. Wer einen Teil seines Lebens auf einem Château dieser Region verbringt, Jahr für Jahr sich größte Mühen auferlegt und die edelfaulen Trauben zu Wein werden läßt, dessen Winzerleben kann nicht härter sein. Ihm wäre eigentlich ein Platz in der Académie Française zu wünschen.

Charles Chevallier, der heutige Generaldirektor aller von Château Lafite gesteuerten Rothschild-Domaines, hat einen Teil seines Lebens als Verantwortlicher auf Château Rieussec verbracht. 1984 ging der 75 Hektar große Besitz an die Domaine Rothschild. Das Plateau von Rieussec wird nur vom etwas höher gelegenen Château d'Yquem überragt, dem anerkannten Leader der Region Sauternes.

Daß ein Leben auf einem Sauternes-Château ein härteres Dasein ist, läßt sich auch an Hand von Fakten und Zahlen beweisen. Das Jahr 1993 war im gesamten Bordeaux-Gebiet ein guter Jahrgang für Rotwein und auch für den trockenen Weißwein. Auf Château Rieussec wurde jedoch kein Wein unter diesem Namen abgefüllt. 50 % der Ernte wurden als Clos Labère, der offizielle Zweitwein, etikettiert. Die anderen 50 % wurden als einfacher Sauternes auf den Markt gebracht. Jedes Jahr immer die gleichen Sorgen.

90 % Sémillon geben dem Wein das Gerüst, „die Schulter", wie Chevallier sagt. Ihre Edelfäule ist Bedingung für einen guten Sauternes. Von der Sauvignon Blanc mit 7 % Anteil wird Reife, aber auch Säure erwartet. Die 3 %

Muscadelle sollen den Wein mit etwas blumiger Würze komplettieren. Bis man den Duft und den Geschmack von Aprikose, gewürzt mit Muskat, wahrnehmen kann und wir von einem guten Sauternes, einem guten Clos de Labère sprechen können, ist noch ein steiniger Weg. Bis zu acht Erntegänge können von September bis November notwendig werden.

Bei den letzten Jahrgängen auf Château Rieussec spricht man von 1997 als einem großen Jahr, von dem auch Clos Labère profitiert. Überhaupt warten die Jahrgänge 1994, 1995 und 1996 mit herrlichen Sauternes auf. Clos Labère ist mit einem wichtigen Teil dabei.

Der Unterschied zum Erstwein ist für den ungeübten Weintrinker nahezu kaum spürbar, beim Preis aber sehr wohl. Clos Labère, der viele Erstweine Sauternes in den Schatten stellt, nimmt man fast als ein Geschenk mit nach Hause. Der Satz in einem alten Gästebuch des Châteaus: „Und am siebten Tage schuf Gott Rieussec“, ist heute gültiger denn je; anzufügen wäre noch „und Clos Labère“.

Zweitwein von Château Rieussec
1er Cru
Besitzer:
Domaines Barons de Rothschild
Rebfläche: 75 ha
Rebsorten:
Sémillon 90 %
Sauvignon Blanc 7 %
Muscadelle 3 %

Castelnau de Suduiraut

Die goldenen Beeren sind wieder en vogue

Wir schreiben das Jahr 1855, die berühmte Klassifikation der Bordelaiser Rot- und Weißweine hat gerade vier Rotweinen den Titel Premier Cru verliehen und sage und schreibe zwölf Weißweine der Region Sauternes/Barsac ebenfalls zu Premiers Crus gekrönt. Die Beerenauslesen feiern an den Tafeln der Gekrönten und Gesalbten große Erfolge. Der Zar von Rußland oder der amerikanische Präsident sind wichtige Kunden des goldenen Rebensafts. Keine Frage, die Weißweine im Süden Bordeaux' waren en vogue.

1970 war zu hören, daß im Süden von Bordeaux eine Region unterzugehen droht, das Weingebiet Sauternes/Barsac. In einer Zeit, die nur den wirtschaftlichen Erfolg honoriert, haben es Weingüter schwer, ihre Produktion von nur neun bis 15 Hektoliter pro Hektar mit Erfolg zu verkaufen, haben sie doch den doppelten Aufwand wie die Rotwein erzeugenden Châteaux, die auf 40 Hektoliter pro Hektar kommen. Aber einige Weinsammler mit spektakulären Degustations-Events und vor allem das als einziges Gewächs bei der Klassifizierung mit dem Zusatz Premier Cru Supérieur bedachte Château d'Yquem haben die Fahne der Region hochgehalten. Auch haben neue Investoren traditionelle Güter übernommen und keine Mittel gescheut, sie wieder in Schwung zu bringen.

Das Château Suduiraut, erbaut um 1670, ist ein stattlicher Besitz von 200 Hektar. 87 Hektar stehen unter Reben. Das Gästebuch des Weingutes wird seit 1890 geführt. Es hat viel zu erzählen aus seiner vergangenen blühenden Zeit des Premier Cru Classés aus Sauternes. Heute besinnt man sich beim Studium alter Menükarten wieder auf die Tradition, einen Sauternes in das Menü einzuplanen. Diese aufkeimende Lust an den goldenen Weinen der Region führte zu steigendem Kaufinteresse der Investoren.

So wurde das Premier-Cru-Château Suduiraut 1992 von AXA Millésimes übernommen. Zu Anfang herrschte jedoch Tristesse, denn in den Jahren 1991, 1992 und 1993 ist kein Château Suduiraut produziert worden. Statt dessen wurde Castelnau de Suduiraut geschaffen. Man wollte nicht bloß mit einem guten Sauternes, sondern mit einem brillanten, aromareichen Wein für Furore sorgen. Das gelang dann mit den folgenden Jahrgängen 1994, 1995, 1996 und 1997. In diesen Jahren gab es im Sauternes blauen Himmel im Sommer, nicht zu lange Trockenperioden und von September bis November den dichten Morgennebel, der die Tauben umhüllt, um ihnen den unentbehrlichen Botrytis-Schimmel zur Konzentration von Zukker und Aroma zu geben.

Sémillon zu 80 % und Sauvignon Blanc zu 20 % verschmelzen zu einer wunderbaren, buttrigen Honigsüße. Die Zweitweine der Châteaux von Sauternes oder Barsac sollten eigentlich die Restaurants ermuntern, zum Dessert ein Glas dieses köstlichen Nektars anzubieten. Vielleicht ein Glas Castelnau de Suduiraut?

Zweitwein von Château Suduiraut
1er Cru, Sauternes
Besitzer: AXA Millésimes
Rebfläche: 87 ha
Rebsorten:
Sémillon 80 %
Sauvignon Blanc 20 %

Glossar

Abstich

Das Abtrennen des noch jungen Weines von der Hefe, die sich im Faß abgesetzt hat. Der Vorgang muß so lange wiederholt werden, bis sich keine Hefe mehr absetzt. Der Abstich erfolgt bei allen Weinen.

Alkoholische Gärung

Bei der alkoholischen Gärung vollzieht sich die Spaltung von Zucker (Glukose = Traubenzucker, Dextrose) in Alkohol und Kohlendioxid. Die Gärung erfolgt entweder spontan durch verschiedene Hefen, die an der Beerenoberfläche sitzen, oder durch Zugabe von Reinzuchthefen.

Appellation

Benennung, Herkunftsbezeichnung
A.O.C. = Appellation d'Origine Contrôlée: Kontrollierte Ursprungsbezeichnung für Wein, Spirituosen und landwirtschaftliche Produkte. Herkunft und Herstellung sind kontrolliert. Beim Wein gibt es mehr als 400 verschiedene Appellationen. Die ersten AOC sind 1936 kreiert worden, aber viele Weinberge haben in den letzten 20 Jahren Zugang zum AOC-System erhalten. Die Appellation bezieht sich immer auf das Land. In Bordeaux gelten vier Appellationen: Bordeaux (für Rotwein, trockenen Weißwein, Rosé), Bordeaux Supérieur (für Rotwein und lieblichen Weißwein), Crémant de Bordeaux (für Schaum-

wein nach der traditionellen Methode) und Fine de Bordeaux (für Weinbrand).

Assemblage

Zusammenstellung, Zusammensetzung, Vereinigung
Hier: Jedes Château hat eine eigene Traubenzusammensetzung und Traubenmischung, die je nach Jahrgang und Reife der Trauben variieren.

Barrique

Typischer Begriff für das Eichenfaß in Bordeaux. Es enthält etwa 225 Liter Wein. Mit Adjektiv „neuve“: neues Barrique.
Faß heißt auch „Fût“ oder „Tonneau“ (ca. 1 000 Liter).

Cabernet Franc

Ist der kleinere Bruder des Cabernet Sauvignon. Ohne ihn würden den großen Weinen von Bordeaux Frucht, Körper und Wucht fehlen. Der weiche Charakter mildert den strengeren Cabernet Sauvignon. In einem Bericht von 1784 wurde beschrieben, daß sich die Cabernet Sauvignon-Traube besonders gut für das Libournais eigne. Wahrscheinlich kam sie von dort ins Médoc. Der Wein ist jung milder und ansprechender als der stark tanninhaltige, säurereiche Cabernet Sauvignon. Das Aroma erinnert an Himbeeren und Veilchen.

Cabernet Sauvignon

Weine aus der Rebsortenkombination Cabernet Sauvignon, Cabernet Franc, Merlot, Petit Verdot und Malbec wurden schon im 13. und 14. Jahrhundert von den englischen und aquitanischen Höfen bevorzugt. Secondat, der Sohn Montesquieus, bezeichnete 1785 die Cabernet Sauvignon als vollkommene Rebe. Sie ist ertragsicher und resistent gegen Botrytis. Da sie spät austreibt, ist sie nicht gefährdet durch Frühlingsfröste. Auf den leichten Kies-, Quarz- und groben Sandböden des Médoc und der Graves wird sie als eine der frühesten Sorten geerntet. Auf den schweren Böden in Pomerol und Saint-Émilion ist in einem nassen und kühlen Herbst keine Vollreife möglich. Sie ergibt einen sortenreinen, außergewöhnlich strengen Wein von sehr tiefer roter Farbe. Sie bringt beim Verschnitt große Vielfalt in Körper und Bukett, die sich in der weiteren Entwicklung fortsetzt. Muß lange reifen, um sich optimal zu entwickeln. Bezüglich der Gesamtanbaufläche weltweit liegt sie an siebter Stelle (140 000 Hektar).

Cépage Rebenart, Reb-, Traubensorte; Rebsortenverhältnis im Weinberg

Classification Klassifizierung
Eine Klassifizierung gilt immer für ein Weingut, ein Cru (Gewächs) oder ein Château. Im Gegensatz zur Appellation, die sich auf das Land bezieht. Im Bordelais unterscheidet man zwischen verschiedenen Klassifizierungen (siehe dort).

Cuve Bottich, Faß, Gärbottich; Gärbehälter aus Holz, Stein, Zement, Stahl, Glas oder Plastik

Cuve en bois	Holz-Gärbottich
Cuve en inox	Inox-Gärbottich (rostfreier Edelstahl)
Cuvée	Wannevoll, Büttevoll; Herkunft, Art; hier je nach Gebiet Verschnitt der typischen Traubensorten: Cabernet Sauvignon, Cabernet Franc, Merlot, Petit Verdot, Sémillon, Sauvignon Blanc, Malbec
Élevage	Ausbau Nach der Gärung füllt man den Rotwein in die Barriques um. Auf jeden Fall wird regelmäßig eine Soutirage (Abstich) durchgeführt, um den Wein zu belüften, ihm beim Klären behilflich zu sein.
Fermentation alcoolique	Siehe: alkoholische Gärung
Fermentation malolactique	Milchsäuregärung Kurzbezeichnung: Malolactique Auch: Zweite Gärung, Milchsäuregärung (siehe dort)
Klassifizierung von 1855	Anläßlich der Pariser Weltausstellung 1855 wurde erstmalig in Frankreich von amtlicher Seite eine Qualitätseinstufung der Weine des Médoc, des Sauternes und Barsac sowie eines einzigen Weines von Graves (Château Haut-Brion) vorgenommen. Nur 60 Spitzengewächse wurden von dieser Klassifizierung erfaßt. Diese Bewertung gilt größtenteils heute noch.

Rotweine: Premiers Crus, Deuxièmes Crus, Troisièmes Crus, Quatrièmes Crus und Cinquièmes Crus.
Weißweine: Premier Cru Supérieur (Château d'Yquem), Premiers Crus Classés, Deuxièmes Crus Classés.
Die einzige Neueinstufung erfolgte 1973: Château Mouton Rothschild stieg vom Deuxième Cru zum Premier Cru auf.

Klassifizierung von 1955
Erstmalige Klassifizierung der Saint-Émilion-Weine und deren offizielle Bestätigung 1958. Sie wurde dreimal revidiert, nämlich 1969, 1986 und 1996. Die nächste wird 2006 erfolgen.
In Abstimmung mit den Produzenten und dem I.N.A.O. (Institut National des Appellations d'Origine) wurde die Klassifizierung der Gewächse nach ihrer Qualität herausgegeben.
Folgende Gruppen sind zusammengefaßt:
Premiers Grands Crus Classés A (für Ausone und Cheval Blanc), Premiers Grands Crus Classés B und Grands Crus Classés (55 Châteaux)

Klassifizierung von 1959
Klassifizierung für Rot- und Weißweine für Graves:
Premier Cru Classé (Haut-Brion), Crus Classés Rotwein, Crus Classés Weißwein

Malbec
Rotweintraube, die viel im Bordelais, aber auch im südlichen Mittelfrankreich angebaut wird. Sie liefert Weine von großer Delikatesse.

Marriage Heirat, Eheschließung, Trauung; hier: das „Vermählen“ der verschiedenen Traubensorten entsprechend dem jeweiligen Jahrgang

Merlot Die „Merle“ (Amsel) soll der Überlieferung nach dieser Rebsorte den Namen gegeben haben, da jenen Vögeln eine besondere Vorliebe für diese Beeren nachgesagt wird. 1789 befand sich die Merlot im Sortiment des „Jardin du Luxembourg“. In Bordeaux wird sie schon vor dem 19. Jahrhundert erwähnt. Starkwüchsig bevorzugt sie tiefgründige Böden mit guter Wasserversorgung. Da sie früh austreibt, können Maifröste für sie gefährlich werden. Auf guten Standorten ist sie sehr früh reif, bringt hohe Erträge und ist alkoholreich. Mit zunehmender Reife nimmt die Säure stark ab. Im Verschnitt rundet Merlot den Cabernet Sauvignon ab und bringt Geschmeidigkeit und Fülle.

Milchsäuregärung Verschiedene Mikroorganismen bedingen den Abbau eines Teils der Apfelsäure zu Milch- und Kohlensäure – ein für den Geschmack wichtiger Vorgang. Es handelt sich vorwiegend um die Gattungen Pediococcus, Leuconostoc und Lactobacillus. Durch diesen Abbau verliert der Wein Säure. Er wird milder und geschmeidiger. Die Milchsäuregärung findet im Anschluß an die alkoholische Gärung vor allem bei den Rotweinen statt. Sie wird bei den Weißweinen wie Sauvignon, Muskat oder Chenin vermieden, da Lebendigkeit und Frische darunter leiden würden.

Muscadelle	Wohlgemerkt: Sie hat mit der Familie der Muskateller nichts zu tun. Seit dem 18. Jahrhundert ist sie als gute Eßtraube für die Regionen Gironde, Lot-et-Garonne und Dordogne erwähnt. Schon damals gab man den Rat, den süßen Wein mit lebendigeren Sorten zu verschneiden. Die Weine sind außergewöhnlich süß, vor allem wenn sie edelfaul geerntet werden. Sie oxidieren allerdings leicht. Die Traube bringt den Sauternes-Weinen Würze.
Petit Verdot	Französische Rotweintraube aus dem Gebiet von Bordeaux. Ihr Anbau ging zurück, da sie ziemlich anfällig ist. Ihr Most war früher beliebter, da er dem Bordeaux den leicht bitteren Gerbstoffgeschmack verlieh, den man an ihm schätzte. Nach und nach gewinnt diese Traubensorte wieder an Bedeutung.
Sauvignon Blanc	Sie wird seit Jahrhunderten in Frankreich angebaut. Ihre Herkunft ist ungewiß. In Graves wird sie seit 1736 erwähnt, in Pouilly seit 1783. Sie reift mittelspät. Die Edelfäule entwickelt sich langsamer als bei der Sémillon, deshalb wird später geerntet. Sie bevorzugt magere und trockene Böden. Ihr Wein ist wasserfarben bis blaßgelb, meist mit einem Grünstich. Eine vorsichtige Lagerung im Holzfaß kann den fruchtigen Charakter verstärken; Tannine und Vanille bringen zusätzliche interessante Noten. Die Sauvignon bringt beim Sauternes-Wein Aroma und Frische, die Sémillon Kraft und Lebendigkeit.

Sémillon

Sie ist die Basissorte für die Spitzenweine in Sauternes. Mit 17 573 Hektar ist sie in Frankreich die dritte Weißweinsorte. Sie ist für die maschinelle Ernte ungeeignet. Trockenheit begünstigt die Entwicklung der edelfaulen Trockenbeeren. Sie werden in mehreren Ernteschritten ausgelesen. Die Überreife führt zu einer hohen Ausbeute an Zucker, Glyzerin und Pektin. Ein siliziumhaltiger Boden wie Kiesel und Sand bewirkt Finesse, Kalk die kräftige Würze, Ton das Ölige. Im Sauternes bringt die Sémillon Süße und Öligkeit und sichert die Langlebigkeit.

Terroir

Boden, Erdreich, Gegend
Hier: Bodenbeschaffenheit und Mikroklima.

Vendange

Ernte
Bei den Spitzenweingütern erfolgt die Ernte meistens mit der Hand.

Vinification

Weinbereitung
Im Grunde alle Tätigkeiten nach der Ernte bis zur Flaschenabfüllung.

Register

COLLECTION
ROLF HEYNE

GROSSE WEINE, HERVORRAGENDE BÜCHER

Jens Priewe
Die Weine von Südtirol
Der Guide für Kenner und Genießer
240 Seiten
ISBN 3-453-15959-4

Norbert Lewandowski
Die Weine der Toskana
Der Guide für Kenner und Genießer
264 Seiten
ISBN 3-453-15954-3

James Turnbull
Bordeaux. Meisterwerke der Natur
Die 90 größten Weine des Bordeaux
192 Seiten
ISBN 3-453-14246-2

Michel Dovaz
Bordeaux
Hommage an einen großen Wein
276 Seiten
ISBN 3-453-13007-3

HEYNE